DU PRINCIPE

D'AUTORITÉ

DEPUIS 1789.

PARIS. — TYPOGRAPHIE PLON FRÈRES,
IMPRIMEURS DE L'EMPEREUR,
RUE DE VAUGIRARD, 36.

DU PRINCIPE

D'AUTORITÉ

DEPUIS 1789,

SUIVI

DE NOUVELLES CONSIDÉRATIONS
SUR LE MÊME SUJET.

PARIS,

PLON FRÈRES, ÉDITEURS,

RUE DE VAUGIRARD, 36;

ET CHEZ LES PRINCIPAUX LIBRAIRES.

1853

DU PRINCIPE

D'AUTORITÉ

DEPUIS 1789.

Depuis soixante ans la France a subi plusieurs révolutions qui ont entravé sa marche, déchiré son sein et imposé au présent de tristes fardeaux. Arrivée enfin à des jours de repos qu'elle voudrait voir se prolonger, elle se demande quel est, au milieu de tant de formules politiques avec lesquelles on l'a égarée, le principe qui doit commander sa confiance et assurer son avenir. Nous lui répondons: Le principe d'autorité.

Bossuet a dit une chose excellente avec son admirable langage : « Où tout le monde veut faire ce qu'il veut, » nul ne fait ce qu'il veut; où il n'y a pas de maître, » tout le monde est maître; où tout le monde est maître, » tout le monde est esclave (1). » Ceci prouve que le pouvoir est le commencement de la liberté; sans le pouvoir, il ne faut compter que sur l'anarchie.

Il est donc certain que les nations qui aspirent à être vraiment libres doivent chercher d'abord, dans une forte

(1) *Politique tirée de l'Écriture*, liv. I, art. 3, cinquième proposition.

organisation du pouvoir, de sérieuses garanties contre ce despotisme insupportable qu'on appelle la licence.

Ce n'est pas ce qu'on a fait en France depuis longues années : on a cru que la liberté consistait dans la diminution et l'abaissement du pouvoir; et par là on est arrivé à ce triste résultat, que ni la liberté ni le pouvoir n'ont été fondés.

Il faut absolument sortir de telles erreurs; elles sont surtout frappantes dans une démocratie de 35 millions d'habitants, qui est comme une vaste superficie où règne, avec une entière égalité, un mouvement prodigieux et quelquefois turbulent dans les idées et les intérêts. Sans le principe d'autorité, solidement établi dans les institutions et dans l'opinion publique, une telle société serait impossible. De tous les états, le plus ardent et le plus facile à exalter, c'est l'état démocratique. Est-il donc nécessaire de toujours exciter en lui le sentiment de l'indépendance? Est-ce garder les lois d'un sage équilibre que de l'échauffer sans cesse par l'idée de ses droits, de ses prérogatives et de sa liberté, sans le rappeler, par de mâles conseils, au devoir, à l'obéissance, au respect du principe d'autorité? Soixante ans d'épreuves sont suffisants pour prouver qu'une involution de crises périodiques et de secousses désastreuses est la conséquence nécessaire de cette fausse direction. Il ne faut pas plus égarer les peuples que les princes par l'exagération de ce qui leur plaît. Lorsque Bossuet trace un plan de politique pour l'instruction du Dauphin, on aime à le voir enseigner à l'héritier du trône que, dans un gouvernement légitime, les personnes sont libres, que la propriété des biens est inviolable, que les monarques doivent se garantir des tentations attachées aux grandes fortunes, que la puissance souveraine a des inconvénients, etc., etc. Mais les publicistes de l'école contraire n'imitent pas cette impartialité. Amis inconséquents de la liberté, ils croient utile d'abaisser le pouvoir, comme s'il n'était pas la garantie essentielle de la liberté; amis aveugles du peuple, ils cherchent à le dégoûter du principe d'autorité, comme si ce n'était point par là que le peuple est affranchi de toute violence et qu'il trouve l'ordre, le repos et le travail.

Mais il ne suffit pas de faire comprendre aux nations que le pouvoir est la base nécessaire de toute société policée et libre; qu'il doit être vénéré et obéi; qu'il a, en ce monde, une mission providentielle à remplir dans l'intérêt même des peuples, de leur dignité et de leur liberté. Il faut encore que le pouvoir se montre aux peuples dans des conditions personnelles qui commandent la confiance; il faut que les princes en qui le pouvoir se personnifie sachent se rendre populaires pour être forts. Les dynasties ont leur grandeur et leur déclin; c'est par l'opinion que ces vicissitudes les atteignent. Tant qu'elles s'identifient avec les peuples, qu'elles s'inspirent de leurs besoins, et qu'elles sont le symbole de leur esprit, l'opinion les soutient et les élève. Mais quand l'opinion s'éloigne d'elles, parce que cette intimité n'existe plus, la puissance s'éloigne aussi, et le pouvoir, compromis par ceux-là mêmes qui le représentent, devient la cause des révolutions qu'il est chargé de prévenir. Les révolutions, on ne saurait trop le répéter, sont des moments terribles de violence et d'anarchie. Or, les princes, lorsqu'ils sont moins forts que l'esprit révolutionnaire, ne répondent pas à leur principal mandat : le pouvoir manque son but entre leurs mains; il n'a plus la vertu de préserver les hommes du fléau des désordres publics; il les laisse en proie à l'anarchie, qui est une tyrannie plus odieuse et plus intolérable que celle des plus mauvais rois. Le prince, en un mot, est comme dépouillé moralement de cette puissance qui vient de Dieu, mais qui se promulgue par l'adhésion des peuples.

On ne nous surprendra jamais à parler avec irrévérence de la maison de Bourbon. Elle se lie, dans notre histoire, à des siècles de grandeur; nous ne saurions oublier ce que le pays lui doit pour la brillante culture des lettres, pour l'agrandissement du territoire, pour la création du pouvoir central et la puissante formation de la bourgeoisie.

Mais il y a des faits que nous avons vus et qu'il faut constater, non par malveillance, mais par respect pour la vérité. Lorsqu'en 1789 la nation se précipita hors de l'ancien régime, la maison de Bourbon a-t-elle eu la force nécessaire pour diriger cet élan? a-t-elle pu retenir la France sur la pente d'une révolution? n'est-ce pas même contre elle que la plus radicale des révolutions s'est organisée, développée et accomplie?

Ce n'est pas tout.

Lorsque, après une restauration inattendue et seize années d'un gouvernement difficile et combattu, la maison de Bourbon eut aperçu dans la marche de l'opinion la preuve éclatante que la liberté de la presse et des élections compromettait les bases de son pouvoir, sa main a-t-elle été assez forte pour ressaisir la plénitude de l'autorité royale et pourvoir à son salut? N'est-il pas vrai que, croyant loyalement fermer l'abîme des révolutions, elle l'a rouvert d'une manière si funeste pour elle qu'elle gémit encore aujourd'hui dans l'exil et dans la défaite que lui ont infligés trois jours de révolution?

Et quant à la branche cadette, qui, tout en portant le nom glorieux de Bourbon, en a abdiqué les principes, a-t-elle été plus heureuse et plus forte? Pour s'être séparée deux fois de sa souche, a-t-elle eu plus d'empire sur l'esprit de faction et de bouleversement?

La révolution est donc sur les pas de la maison de Bourbon. Il semble qu'une inexorable fatalité condamne la France à subir une secousse violente chaque fois que la maison de Bourbon essaye d'enchaîner le désordre et l'anarchie.

Au contraire, la dynastie impériale peut regarder en face l'esprit révolutionnaire. Deux fois elle lui a dit : « Tu n'iras pas plus loin, » et deux fois les flots courroucés se sont arrêtés dans leur débordement.

Ceci posé, nous demanderons à qui appartient le pouvoir par le droit de la raison et de la plus incontestable légitimité, si ce n'est à celui qui est le plus capable d'assurer à une nation l'ordre, la sécurité et l'exercice régulier de ses fonctions vitales.

Cette vérité est palpable dans tous les états de société, mais elle est encore plus manifeste dans la société française, où, comme nous l'avons déjà dit, la plaie la plus profonde, c'est l'affaiblissement du pouvoir. Jusqu'en 1789, le principe d'autorité, qui est la clef de voûte de l'édifice social, avait été respecté par une nation que l'on disait idolâtre de ses rois; il avait donné à la France une organisation intelligente et ferme, une incontestable prépondérance au dehors. Par son secours, le pays avait traversé, sinon sans difficulté, au moins sans bouleversement, les crises de la féodalité; il avait accompli heureusement l'affranchissement des populations et des communes, maintenu le principe religieux au seizième siècle, et réalisé l'œuvre admirable de la constitution d'un territoire homogène et d'un pouvoir central. Sans doute il y avait dans cet ancien régime mille choses à perfectionner; mais nul homme sensé ne demandait *à priori* de le détruire.

Il en arriva autrement par des causes qu'on ne saurait expliquer ici, et la France, lancée dans la carrière des idées révolutionnaires, vit tomber la monarchie avec son roi par le crime de la démagogie.

Après cette triste époque, la cause du pouvoir devait être considérée comme perdue, quand un jeune héros, grand capitaine et grand législateur, la rétablit de ses désastres, releva le trône, et montra à la France enchantée une monarchie aussi puissante et aussi respectée à son berceau que celle de Louis XIV l'avait été au temps des plus antiques prestiges de la majesté royale. Comme ce pouvoir a succombé au bout de seize ans sous les coups de l'Europe coalisée, les rhéteurs qui ont fait, au gré de leur sophisme, la philosophie de notre histoire, ont avancé que ce n'était là qu'une autorité de circonstance, qu'une dictature aussi passagère et aussi accidentelle que les crises qui l'avaient rendue nécessaire. Le fait est que la monarchie impériale a été une monarchie régulière, un état normal au fond, parfaitement assis et pleinement associé aux monarchies européennes. Cela est si vrai, que, jusqu'au dernier moment à peu près, les rois du Nord, malgré l'enivrement de leur succès, hésitèrent à briser une couronne si bien acquise par la gloire et le génie, et que si Napoléon I⁰ʳ eût voulu accepter à Châtillon la paix qui lui était offerte, l'Europe se serait repliée devant lui comme devant tout autre prince consacré par le temps. Quand les légitimistes disent que la guerre de 1814 n'a pas été faite exprès pour rétablir les Bourbons, ils sont dans la vérité de l'histoire. Il est faux que les souverains alliés voulussent *à priori* renverser l'Empereur; il est faux qu'ils ne vissent dans ce grand homme qu'un Attila et un aventurier; il est faux qu'ils songeassent à autre chose qu'à obtenir des garanties contre des guerres sans cesse renaissantes.

L'Empereur tomba cependant, par opiniâtreté pour la grandeur de la France.

Cette chute changea les conditions du principe d'autorité en France et en Europe. Si l'œuvre monarchique de la Sainte-Alliance n'eut plus rien à redouter des guerres qui n'avaient que trop embrasé l'Europe, elle sentit bien vite, à côté d'elle, la présence d'un autre ennemi plus implacable et plus tenace. Le vieil esprit des dynasties restaurées sembla un défi porté à l'esprit nouveau, auquel manquait désormais le frein modérateur de l'Empire. Livré à ses défiances, à ses ressentiments, à son impétuosité, cet esprit nouveau revêtit le caractère révolutionnaire et républicain, et se nourrit des plus sinistres projets de destruction. Les symptômes en furent alarmants : une presse organisée en tout pour le dénigrement et pour l'attaque; une charbonnerie, constituée dans les régions occultes de la société, entretenant le fanatisme et la haine du pouvoir; un prêtre régicide élu en opposition avec le principe de la légitimité ; un prince français assassiné ; les complots et l'indiscipline dans l'armée ; l'inquiétude et la malveillance dans la bourgeoisie ; le réveil de la philosophie délétère du dix-huitième siècle dans les choses de la religion ; bien plus, les soulèvements populaires et militaires dans l'Europe méridionale ; la défaite et les humiliations de la royauté en Italie et en Espagne : voilà le mal immense qui, en peu de temps, avait gangrené le corps social ; voilà cette guerre des peuples et des rois que, depuis le Consulat, les nations avaient cessé de connaître. On vit alors la faute que les monarchies avaient commise en brisant en France le seul levier qui fût en état de contenir et de gouverner la révolution.

Toutefois, le principe d'autorité, fortement défendu par les cours du Nord, eut la fortune de reconquérir sa position, et la démagogie, qui excelle dans les surprises, ne put tenir contre la guerre ouverte de la Sainte-Alliance. L'Europe sembla respirer alors dans les douceurs d'une paix universelle. Mais d'autres dangers attendaient le principe d'autorité, et de ces douceurs enivrantes sortit une sourde agitation, semblable à celle que l'on éprouve quelquefois, sans le savoir, dans le sommeil le plus profond. Les uns, confiants dans les Bourbons, et les croyant solidement assis, prirent résolûment en main la cause de la liberté, et voulurent qu'ils se rendissent populaires par de larges concessions ; les autres, croyant à leur faiblesse, et voulant la leur rendre fatale, réveillèrent, sous une forme mitigée, les idées de la révolution, posèrent des questions insidieuses, discutèrent des problèmes redoutables, et remplirent les esprits de doutes, de défiances et d'une ombrageuse jalousie. Le vieux parti révolutionnaire, admirablement servi par les illusions des néo-royalistes et du parti libéral honnête, était passé, des conspirations et des soulèvements, à une stratégie plus savante et moins périlleuse pour les assaillants. C'est par les doctrines qu'au dix-huitième siècle on était parvenu à altérer la foi dans le principe religieux; c'est par les doctrines qu'on se mit à saper dans l'opinion le principe d'autorité. L'entraînement fut général et irrésistible; il sembla qu'amis et ennemis, jeunes et âgés, sages et étourdis, tous eussent pris pour devise le fameux vers de la Fontaine : *Notre ennemi, c'est notre maître;* voulant que la société fût gouvernée sans gouvernement, et que le pouvoir passât à l'état de magnifique abstraction ou au rôle de patient. Parmi les mécontents de haut parage coalisés avec quelques gens d'esprit, lettrés ou journalistes, hardis penseurs ou sceptiques, idéologues ou frondeurs, il se forma une sorte de clergé de la révolution, qui eut ses prêtres et ses prophètes, son conclave et ses trépieds, et presque son infaillibilité papale. Là, on se mit à tirer la quintessence des principes révolutionnaires, à les concentrer en doses raffinées, et à répandre dans les esprits simples des venins emmiellés. On fabriqua, pour la perversion de la génération présente, des Histoires de la révolution aussi révolutionnaires que possible sans tomber dans la mauvaise compagnie; on y mit des tendresses pour les Danton, des excuses pour les Robespierre, des circonstances atténuantes et des gazes charitables pour des monstres qui avaient déshonoré le nom français. En même temps on enseignait, partout où on pouvait, que le temps était passé où les rois gouvernent les nations; qu'un prince était trop heureux d'avoir des chasses et des chiens, et de dépenser grandement une large liste civile; que le gouvernement appartenait désormais aux hommes d'élite des journaux, aux orateurs du parlement, aux penseurs des canapés politiques, aux meneurs des comités électoraux. Une femme savante, qui ne fut pas étrangère à l'origine de ce mouvement, a dit de l'Empereur Napoléon Ier, qu'elle détestait : « C'est Robespierre à cheval. » Ce mot est un peu fort, surtout quand on procède soi-même d'un parti qui ne se rencontre que trop sur les confins des révolutions; qui, s'il ne conduit pas la liberté jusqu'au désordre matériel, l'aiguillonne dans la route des insurrections morales contre le pouvoir ; qui se repaît à satiété d'une critique impitoyable et sèche, destructive de toute autorité. L'anarchie n'a pas besoin de prendre les formes extravagantes de 93 ou de ces derniers temps pour être l'anarchie. On est fauteur de la secte des anarchistes lorsque, pour réduire les gouvernements à un vain mot, on mutile la souveraineté dans ses parties vitales, et qu'on la découronne des prérogatives qui font son efficacité.

Notez que le mot de cette femme bel esprit est d'autant plus insupportable que celui qu'elle comparait à un révolutionnaire de bas étage était le restaurateur de l'ordre, le sauveur de la religion, le réparateur de la propriété, le fondateur de nos lois civiles et de notre administration, le type des gouvernements hiérarchiques et réguliers.

Ceci dit épisodiquement, il est manifeste que si la branche aînée de la maison de Bourbon eût possédé la force gouvernementale que promettait son principe, elle aurait empêché ces coteries de devenir des partis, et ces partis de devenir des factions turbulentes. Mais tous les vents furent aquilons pour ce trône placé si haut par son principe philosophique, et si fragile en réalité par ses appuis naturels. Ce qui n'aurait dû être qu'une fronde devint une révolution. Or, sans manquer de respect à une maison auguste et infortunée, n'est-il pas permis de lui demander si, quand la force manque aux rois, ils ne manquent pas à leurs peuples; si, quand ils plient au premier orage, ils sont remplis de cette inspiration divine qui fait les dynasties; si, surtout, ceux qui ont abandonné la partie devant une poignée d'ambitieux et d'agitateurs, sont prédestinés pour sauver la France dans des jours de tourmente pareils à ceux que Dieu nous a envoyés depuis 1848, dans ces jours néfastes où il est permis de trembler, parce que, comme dit l'Écriture, il y a des lions dans les chemins (1)?

La révolution de juillet fut un grand coup porté à la cause du pouvoir. La royauté, plus faible sous la branche aînée que sous le gouvernement impérial, s'abaissa de plusieurs degrés par la substitution violente de la branche cadette. La monarchie de Louis-Philippe ne fut d'abord acceptée par le parti pur des trois journées que comme un sacrifice fait à d'anciens préjugés et comme une transition à la république. Le caractère de cet événement se peint à merveille dans un mot de M. de Lafayette : « Un trône populaire entouré d'institutions républicaines. » Le nouveau roi avait contre son établissement monarchique tout à la fois les embarras de la si-

____

(1) Proverb., XXII, 13.

tuation générale et les embarras de sa propre situation. Fils de Philippe-Égalité, il ne lui était pas facile de faire accepter par le peuple le principe de l'inviolabilité royale. Disciple non caché de l'école de Voltaire, il ne lui était pas facile de mettre de son côté le clergé du royaume très-chrétien. Chef d'une opposition qui venait de conquérir la couronne par une brusque révolution, il ne lui était pas facile de contenir le génie des révolutions avec des hommes qui, de près ou de loin, avaient trempé comme lui dans la guerre faite au pouvoir. Mais le besoin d'ordre est si puissant en France, et le monarque sut mettre tant d'habileté dans sa conduite, que les vices et les contradictions d'une situation si fausse furent adroitement corrigés.

Pendant dix ans, la peur d'une révolution nouvelle soutint, au milieu des émeutes et des conspirations, un gouvernement sans assiette, qui n'était ni la légitimité ni la souveraineté du peuple, et que la France n'avait accueilli qu'à titre d'expédient. Si la France eût été républicaine, ce gouvernement fût devenu bien vite la République; mais la France est monarchique par le cœur et les intérêts, et elle lui communiqua une partie de son esprit qui le maintint dans la voie des monarchies. Ce ne fut pourtant qu'une monarchie indécise, à laquelle on donna le nom de gouvernement parlementaire pour désigner une chose nouvelle en France. Qu'est-ce que la monarchie parlementaire? Ce gouvernement, qui a tant parlé en sa vie, n'a jamais pu donner clairement sa définition, et rien n'est plus difficile à expliquer d'une façon rationnelle. La monarchie parlementaire n'est pas, malgré l'apparence des mots, l'ancienne monarchie française tempérée par les parlements. C'était là l'ancien régime, et elle se proclame la forme politique des temps nouveaux. Ce n'est pas non plus (et nous l'en félicitons) la monarchie démocratique, si follement instituée par la constitution de 1791 ; le régime parlementaire a plus de sens ; il tient plus de compte des faits pratiques et de la force respective des pouvoirs politiques. Ce n'est pas davantage la monarchie constitutionnelle de 1814 ; celle-ci prétendait s'appuyer sur une chose qui, jadis, avait été la puissance civilisatrice et organisatrice en France, sur une dynastie que la nation avait aimée pendant des siècles, sur une royauté antique et héréditaire qui était la source et le lien de tous les autres pouvoirs. Il ne lui manquait que de représenter l'esprit des générations présentes, comme elle avait personnifié l'esprit des temps passés ; c'était là son côté faible, le côté par où elle devait périr. Mais elle avait aussi des côtés respectables, la tradition, les vieux services, le prestige de l'hérédité ; tandis que la monarchie parlementaire, séparée de ces restes du passé, mais ne voulant entrer franchement dans aucun des principes nouveaux, oscille dans un milieu précaire où elle ne trouve rien d'arrêté.

Enfin, la monarchie parlementaire n'est pas moins éloignée, quoi qu'elle en dise, de la monarchie anglaise. En Angleterre, tout l'édifice s'appuie sur une aristocratie à la fois conservatrice et progressive, qui, par sa stabilité et le respect qu'elle inspire, offre un invincible boulevard contre les révolutions ; tandis que la monarchie parlementaire, placée en face d'une démocratie quelquefois mobile et irritable, ne trouve rien de mieux pour la contenir que des fictions constitutionnelles et une pondération savante de forces plus abstraites que réelles. En somme, le gouvernement parlementaire de la monarchie de juillet est un état mélangé de pour et de contre, qui n'accepte pleinement aucune vérité, qui ne proclame aucun principe. Elle n'est pas et ne veut pas être la révolution; mais elle est ce trouble chronique qui prépare les catastrophes sociales. Elle condamne le désordre, elle a même beaucoup fait pour le combattre dans la rue; mais elle l'a fort encouragé dans le monde moral, non-seulement parce qu'elle est elle-même sortie d'un désordre, mais encore parce qu'elle organise quelque chose qui y conduit, l'antagonisme et la dispute, l'anarchie dans les convictions religieuses, philosophiques et politiques. Elle met un roi à la tête du gouvernement, mais elle lui défend de gouverner. Elle admet la souveraineté nationale, mais elle interdit au peuple de s'en mêler. Elle promet la liberté à tous, mais elle ne la laisse, en définitive, qu'à un quatrième pouvoir qui dispose du repos des familles, de l'honneur des citoyens, de la dignité des fonctionnaires et du gouvernement, de la tranquillité publique et du sort du pays. Elle pose comme règle de tout État libre la division des pouvoirs; mais elle aboutit, par la formule contraire de l'union des pouvoirs, à une oligarchie exclusive de tout mouvement dans les hommes et dans les idées. Elle se déclare le gouvernement de la majorité, mais elle fait régner des minorités locales qui ont leurs fiefs électoraux et leurs principautés bourgeoises. Dans un tel gouvernement, il est clair que ce n'est pas la main des forts qui domine; ce sont les petits moyens, les expédients au jour le jour, les influences mystérieuses; la corruption vient même y glisser, en cas de besoin, ses abus détestables. Car, bien que la monarchie parlementaire suppose en théorie la sagesse des peuples et l'honnêteté des hommes, elle se prête, dans la pratique, à tous ces manéges des faibles qui circonviennent les consciences par les mauvais côtés. Il faut une grande habileté, au moins en France, pour faire marcher sans trop de secousses le gouvernement parlementaire. La monarchie de juillet en a été une preuve brillante. On se souviendra longtemps de ses orateurs éminents, de ses hommes d'État graves et éclairés, et du jeu si parfaitement dirigé de ses ressorts. C'est ainsi que l'équilibriste qui marche au Cirque-Olympique sur une boule tournante a besoin de beaucoup plus d'adresse que celui qui pose tout simplement ses pieds sur la terre ferme; mais ce dernier est bien plus solide que l'autre, et la chute du premier est épouvantable.

Celle de la monarchie de juillet fit descendre aux gémonies le principe d'autorité. On ne peut voir sans un affreux serrement de cœur à ce fauteuil royal traîné ignominieusement dans les rues, à ce palais des rois pollué par l'insulte, le pillage et l'ivresse; à ce dédain des hordes victorieuses pour le monarque fugitif et presque oublié à son départ.

Maintenant que voilà le pouvoir mis en pièces par la plus effroyable anarchie, demandons-nous comment il se fait qu'après de telles défaites et de si grandes humiliations, le principe d'autorité se soit si promptement restauré dans les mains de Louis-Napoléon. Oui! comment se fait-il qu'au milieu de circonstances analogues à celles qui ont été si fatales au pouvoir de la branche aînée et de la branche cadette, le pouvoir de la quatrième dynastio se soit, au contraire, fortifié, consolidé et élargi?

Ceci est sérieux et demande à être expliqué.

La grande révolution de 1789 a commencé par d'admirables réformes, et a abouti à de grands excès. Les réformes, œuvre du progrès des mœurs et de la raison, sont le patrimoine inaliénable de la France; mais les excès, ouvrage des passions anarchiques, sont restés odieux à la génération actuelle comme ils l'avaient été aux contemporains, qui infligèrent le nom de *terreur* à ces folies sanguinaires.

La France ne veut donc rien qui l'inquiète sur le sort des réformes conquises; mais elle ne veut rien, non plus, qui l'effraye par le retour de principes détestés. Elle tient essentiellement aux intérêts légitimes nés de la révolution de 1789; mais elle condamne autant qu'elle redoute les idées révolutionnaires qui prétendent aller au delà.

Tel est évidemment le sentiment général du pays : ni retour à l'ancien régime, ni retour au jeu funeste des révolutions. C'est pourquoi ce qu'il recherche surtout dans son gouvernement, c'est une force qui se dévoue au régime nouveau, et qui, en même temps, le préserve de révolutions nouvelles.

Or, des trois dynasties qui ont régné sur la France depuis 1789, quelle est celle qui répond le mieux à ce double besoin?

La branche aînée de la maison de Bourbon a trop souffert des révolutions pour n'être pas en garde contre leur esprit : sous ce rapport, elle possède des instincts de nature à rassurer en France les intérêts conservateurs. Mais malheureusement ses souffrances se lient de trop près aux grandes choses qui, à partir de 89, ont fait le bien de la France; et l'opinion publique (à tort ou à raison) doute de sa sincère et profonde adhésion aux principes sagement démocratiques de la civilisation moderne. Le pays ne donne donc pas à la branche aînée de la maison de Bourbon sa confiance entière; il lui suppose des arrière-pensées; il hésite à faire cause commune avec elle toutes les fois qu'elle est aux prises avec l'esprit révolutionnaire; il craint que la victoire du pouvoir ne lui fasse perdre des droits et des avantages qu'il tient de la révolution. De là, pour la maison de Bourbon, d'immenses embarras sur des points qui seraient simples sans ce malentendu; de là cette fatalité qui fait tourner contre elle l'utilité même de son principe traditionnel; car plus elle parle de son droit héréditaire, plus on a peur qu'elle n'hérite des préjugés de l'ancien régime et de l'hostilité de 1789.

Placée dans d'autres conditions, la maison d'Orléans est environnée de causes de faiblesse encore plus frappantes. Ses racines plongent dans le passé; mais ce bénéfice des races antiques l'embarrasse, loin de la servir. Le parti de la révolution lui reproche de s'en trop souvenir; le parti des anciennes idées, de l'avoir trop oublié, tandis que le parti intermédiaire, hésitant et troublé, n'ose pas résoudre si c'est *quoique* Bourbon ou *parce que* Bourbon, qu'elle monte sur le trône. Quand un établissement dynastique suscite, à son début, de tels conflits, au milieu desquels se placent de tels problèmes, on hésite forcément à faire un grand fonds sur sa stabilité; car c'est toujours au premier moment de leur érection que les gouvernements se dessinent le plus nettement dans le principe qui fait leur caractère. Or, si l'on recherche quel est le principe de la maison d'Orléans, il est impossible de trouver autre chose que la négation d'un principe. On a dit qu'elle était le gouvernement de la légalité. Elle n'est cependant arrivée que par une violation de la légalité, par le renversement d'une charte qu'elle avait jurée, par l'exil d'une dynastie dont la légalité la faisait sujette, par la mutilation d'une pairie légalement instituée. On a dit encore qu'elle était le gouvernement de la nécessité, et il est bien certain qu'après le départ de la branche aînée, et en présence de la république agissant et conspirant, la nécessité forçait les bons citoyens à soutenir contre les révolutionnaires la branche cadette, qu'une révolution avait apportée. Il faudrait qu'un gouvernement établi fût bien mauvais (à Dieu ne plaise que nous appliquions cette épithète à la monarchie du 7 août!) pour qu'il n'y eût pas de nombreux avantages à préférer sa conservation à un changement dont on ne saurait prévoir les conséquences. Mais il est certain qu'au moment de l'avénement de la branche cadette, rien autre chose qu'une imitation systématique de l'histoire d'Angleterre ne faisait une nécessité de cette crise. Elle fut même pour le pays une complication fatale; elle rompit nos alliances en Europe; elle nous condamna à une politique d'isolement qui ne fut ni la guerre ni la paix; elle comprima pour de longues années l'essor de la richesse publique, troubla l'équilibre de nos finances, agita les esprits, diminua le pouvoir, envenima les partis politiques, et fut enfin la mère de cette révolution de 1848, qui a été pour la France ce que l'affreux désert fut pour le peuple de Moïse.

Mais le plus grand vice de la maison d'Orléans, c'est qu'elle a contre l'esprit révolutionnaire encore moins de force que la branche aînée des Bourbons. Celle-ci, en effet, en combattant l'ennemi public, n'a rien qui ébranle sa foi dans sa mission; mais la maison d'Orléans a-t-elle la même tranquillité de cœur? N'a-t-elle pas fléchi le genou devant l'idole? N'a-t-elle pas une place dans les événements qui, deux fois, ont renversé le trône? Et lorsque la révolution, dans ses redoublements de colère, lance sur la France ses torches et ses poignards, que peut faire contre elle la maison d'Orléans, lorsque le passé lui revient en mémoire? Aussi la révolution a-t-elle conscience, au plus haut degré, de la force que lui donne sur la branche d'Orléans une ancienne coopération. Il semble qu'elle la traite en vassale, s'arrogeant jusqu'au droit atroce de la rançonner à merci par les conspirations et les assassinats. Par où l'on voit que, lors même que la maison d'Orléans se dévoue à la défense des bons côtés de la révolution, elle est impuissante contre les mauvais, qui se mettent à l'œuvre. L'autorité lui manque, car elle est elle-même un affaiblissement de l'autorité; la force morale lui manque, car elle n'a que trop failli devant une autre force avec laquelle on ne transige que pour périr. C'est ce qui explique pourquoi Louis XVIII a pu transmettre sa couronne à son frère sans secousse, tandis que tout le monde sentait avec une tristesse prophétique qu'une crise attendait la société à la mort du roi Louis-Philippe, et qu'il sonnerait une heure fatale pour ce pouvoir vivant de la lassitude publique et d'un atermoiement des partis.

On se trompait, et ce n'était pas assez connaître l'impatience de l'esprit révolutionnaire. Louis-Philippe, conduit en exil par les mêmes combinaisons qui avaient exilé, pour lui, le chef de sa race, alla montrer au monde que les pouvoirs issus de la révolte provoquent, à leur tour, la révolte qui les brise.

Il résulte de ceci que les intérêts fondés sur le développement régulier des principes de 89, dont la réunion forme la fortune de l'immense majorité des Français, ne trouvent pas de garanties suffisantes de protection et de défense dans les deux branches de la maison de Bourbon : dans la première, à cause de ses tendances supposées en faveur de l'ancien régime; dans la seconde, à cause de son impuissance avérée en face des entreprises révolutionnaires. Ces intérêts sacrés d'égalité et de liberté civile et religieuse, ces droits démocratiques mais conservateurs de propriété et de famille, si chèrement achetés au prix de tant de crises, sont l'élément fécond de notre civilisation moderne; et c'est arrêter son admirable mouvement que de les faire rétrograder. Or, la branche aînée inspire la peur instinctive de ce pas en arrière. D'un autre côté, c'est éteindre le flambeau do cette admirable civilisation que d'abandonner ces intérêts et ces droits aux sauvages projets de l'esprit révolutionnaire. Or, la branche cadette, élevée dans les idées dissolvantes de la révolution, a trop fait de mal, en d'autres temps, au principe d'autorité, pour être, malgré ce qui la recommande d'autre part, une digue contre le déchaînement de ces idées.

La dynastie impériale est à l'abri de ces reproches ; elle n'a point de solidarité avec l'ancien régime, puisque ce sont les combinaisons providentielles de la révolution même qui l'ont fait surgir comme une de ces forces inespérées que Dieu tient en réserve pour les grandes crises des peuples. Elle peut donc emprunter à l'ancien régime ce qui faisait sa grandeur et sa solidité, non pour fausser et amoindrir l'état nouveau, mais pour l'améliorer et le fortifier. Il y avait dans l'ancienne monarchie, à côté de grands abus que les réformes de 1789 ont sans retour emportés, des principes d'ordre, de hiérarchie, de stabilité; le respect pour le pouvoir, la confiance dans le gouvernement, le sentiment profond de l'autorité et de l'initiative du monarque. Si la transformation démocratique de la société après 89 fit évanouir ces dispositions et ces idées, ce n'est pas qu'elles fussent incompatibles avec les nouveaux intérêts de la France, c'est que le pays avait cessé de s'entendre avec la dynastie qui avait si longtemps et si glorieusement conduit ses destinées dans le passé; c'est que les représentants du pouvoir, bien plus que le pouvoir lui-même, avaient perdu leur prestige et leur popularité. Il est si vrai que la France resta monarchique malgré le complet et définitif avénement de l'élément démocratique; il est si vrai qu'elle resta fidèle à sa foi innée dans le pouvoir malgré la chute des princes qui, jusque-là, en avaient été la personnification, qu'elle se jeta dans les bras de la monarchie aussitôt que cette forme de gouvernement se présenta à elle dans des conditions rassurantes pour les intérêts nouveaux. Et cette monarchie qu'elle se donna, ce ne fut pas celle dont les allures incertaines et les mouvements embarrassés attestent une origine étrangère, mais la monarchie grandiose et nationale de Louis XIV, avec un héros plus grand que tous les rois, en place du grand roi. Alors la religion fut relevée et respectée; alors le principe d'autorité fit taire sous le sceptre impérial les derniers échos des mugissements révolutionnaires; alors la propriété, guérie des blessures de la confiscation, reprit sa place parmi les bases les plus essentielles de l'ordre social; alors la justice reparut avec la dignité et la force des anciens temps. On ne dira pas que ces choses, prises de l'ancien régime, aient été une menace pour le nouveau; elles en ont été, au contraire, le soutien, l'ornement et la dignité; et le peuple, dans son incomparable bon sens, l'a ainsi compris; car Napoléon est le seul monarque, dans les temps modernes, dont il ait gardé la mémoire. Ainsi donc, on peut affirmer que si le bien de l'ancien régime peut être approprié, dans une mesure déterminée, à l'époque présente, pour conserver à la France l'unité de son esprit et de ses mœurs, c'est à la condition de passer par les mains de l'Empire. La Restauration en est la preuve.

Elle voulut, elle aussi, faire fleurir la religion; mais, moins heureuse que l'Empereur qui releva les autels, le Roi Très-Chrétien risqua de les ébranler par sa protection. Elle voulut, à un jour donné, reprendre une portion des antiques prérogatives de la couronne, et, plus infortunée que l'Empereur qui ne tomba que par une coalition de l'Europe, elle s'est évanouie devant le courroux du peuple revendiquant ses libertés. Elle ne put faire un seul pas dans la voie des gouvernements forts, sans rencontrer l'ordre nouveau se cabrant contre l'ancien régime, sans que l'intérêt de la société moderne vînt faire obstacle à l'intérêt du prince représentant présumé de la société ancienne. Ainsi fut gâtée, par un irréconciliable antagonisme, une situation que la paix européenne rendait admirable et dégénéra en une guerre intestine de deux générations et de deux esprits : au lieu que l'Empire, réalisant la fusion de ce double intérêt, résume les deux Frances en une seule plus énergique, plus florissante et plus vivace. Il fait oublier la révolution, en donnant à l'État nouveau la solidité et le lustre des temps passés, il fait oublier l'ancien régime en dotant de ses plus grands mérites le régime nouveau.

Si, d'un autre côté, l'Empire plante ouvertement son drapeau dans les principes de 89, c'est qu'il peut avouer l'origine démocratique et héroïque qu'il tire de cette crise sociale; c'est que, dans ce berceau où ses destinées se sont mariées aux destinées de la France nouvelle, il ne s est nourri que des grandes et saintes vérités acquises à l'humanité par un immense progrès de la civilisation, et qu'il a rejeté le fiel et l'absinthe des idées révolutionnaires. Le jour où il s'est levé sur la France, il a foudroyé l'anarchie, écrasé le jacobinisme, donné une salutaire direction à la révolution égarée et à la nation éperdue, fait briller l'ordre le plus admirable dans le chaos le plus affreux. C'est que l'Empire a la mission d'être le régulateur de la révolution et l'organisateur puissant de la démocratie. Aussi est-il doué d'une double aptitude, d'abord pour représenter la révolution dans ce qu'elle a de bon, ensuite pour la réprimer dans ce qui la compromet. Est-il besoin de le dire? Toute phase de la civilisation porte en elle un principe d'autorité auquel elle obéit providentiellement, et sans lequel elle ne serait qu'un fruit du hasard et une confusion. Lorsque l'élément féodal eut pris son immense et énergique développement, vers la fin des Carlovingiens, on ne sait ce qu'il serait devenu si une dynastie féodale ne se fût élevée dans son sein pour le modérer, le contenir, le discipliner. De même la démocratie a sa force dirigeante et son principe d'autorité dans une dynastie similaire, qui est la démocratie elle-même quand il faut développer ses avantages, mais qui est sa tutrice et son mentor quand il faut prévenir ses égarements. Pensons-y bien ! lorsque ce principe d'autorité a manqué à la révolution, elle a tôt ou tard dégénéré en une force brutale qui se complaît dans la destruction. De là les trois catastrophes de 1792, 1830 et 1848. Mais aussitôt que la dynastie impériale reparaît à sa tête, le monstre s'apaise comme par enchantement ; il plie doucement sa tête sous le joug de l'autorité, et cette fièvre de bouleversement se change en un élan vers le bien et une émulation pour le travail ; de sorte qu'à la place d'un volcan incendiaire, paraît, sous un ciel serein, la ruche laborieuse et riche de ses rayons.

Ceci démontre pourquoi l'Empire n'a rien à redouter des institutions populaires qui ont fait trembler d'autres monarchies. La dynastie d'Orléans avait pour devise la souveraineté nationale ; mais elle se défia toujours des suffrages de la nation, craignant d'y trouver la révolution. Elle recula même, et alla se briser devant une réforme électorale, restreinte dans les plus étroites proportions : tant lui semblait formidable tout ce qui la rapprochait de ce peuple dont elle ne se sentait pas maîtresse ; car elle avait appris avec lui comment se font les révolutions. L'Empire, au contraire, pénètre hardiment dans les couches les plus faciles à s'agiter au souffle révolutionnaire, et, loin d'y être accueilli au bruit de la révolte, il y apporte le principe d'autorité et le fait saluer par les acclamations du peuple. La démocratie, en effet, se reconnaît dans son propre ouvrage, fière d'avoir rencontré, sous les lauriers de la gloire et du génie, sa formule et sa personnification.

Par là se trouve résolu le grand problème des temps modernes. La France est une démocratie, et ses mœurs l'empêchent même d'être autre chose; mais cette démocratie française sera-t-elle condamnée à l'instabilité orageuse des démocraties antiques, à cette mobilité jalouse qui brise les cadres de tous les gouvernements? Oui, si on veut lui enlever l'Empire : cent exemples frappants l'ont démontré, et la preuve en est écrite sur trois monarchies écroulées, sur quatre ou cinq essais de république éphémère et impossible. Non, si elle conserve l'Empire. Deux fois en cinquante ans, sous la main de la dynastie impériale, elle a reçu des lois; elle a dompté ses passions subversives et proclamé le principe d'autorité, et son organisation a été si complète et si prévoyante, qu'elle reste, depuis un demi-siècle, comme un monument de solidité et un objet d'admiration. La démocratie française est donc capable d'ordre et de fixité : loin d'être incompatible avec le principe d'autorité, elle le salue dans l'Empire et l'élève à une hauteur et à une dignité pareilles aux grandeurs des plus illustres monarchies anciennes. Confions-nous donc à l'avenir de la France; ayons foi dans un siècle où, au milieu de tant de merveilles inconnues du passé, se manifeste la plus grande de toutes, c'est-à-dire une nation de 36 millions d'habitants usant de ses droits pour constituer le pouvoir, et préférant aux entraînements d'une indépendance effrénée le point d'appui salutaire du principe d'autorité.

Déjà les partis commencent à comprendre ce que l'Empire leur offre de sécurité contre l'ennemi commun;

3.

contre l'esprit révolutionnaire, cette lèpre de la civilisation. Que si les plus obstinés veulent y réfléchir avec maturité, est-ce que leur raison et leur intérêt ne leur apprennent pas qu'en dehors de l'Empire il n'y a que désastres pour eux, impuissance pour leur cause et bouleversement pour la France? Qu'espère, par exemple, le parti républicain? Il veut ouvertement et systématiquement ce que la France ne veut pas, et sa condamnation a été éclatante et définitive. Qu'attend de l'avenir le parti orléaniste proprement dit? Pourquoi hésiterait-il à se rattacher à la volonté de la France, trois fois exprimée avec un ensemble toujours plus unanime? La souveraineté nationale, qui est sa théorie, n'a-t-elle pas prononcé? Notez qu'il a à la fois contre lui la république, la légitimité et l'Empire, tous plus forts et plus logiques que sa situation fausse et indéfinissable. Est-ce donc dans cet isolement, est-ce dans le souvenir de la chute de février, dans la mollesse de ses doctrines et l'inertie de ses convictions qu'il pourrait puiser pour donner au pays le principe d'autorité que le sentiment public recherche comme son premier besoin?

Que veut, enfin, le parti légitimiste? Il se présente à titre de personnification de la tradition, de lien du présent et de l'avenir avec le passé. Mais, est-ce que l'avenir ne lui échappe pas? est-ce que l'hérédité ne semble pas devoir s'arrêter, pour lui, dans une couche infructueuse? est-ce que chaque jour ne lui enlève pas une de ses raisons d'être? La légitimité se dit une institution. Mais qu'est-elle aujourd'hui, sinon un homme? Elle se dit impérissable; mais elle est concentrée sur une seule tête! Viagère, transitoire, individuelle, elle mêlera dans

la même tombe son principe et son dernier représentant.
Car il ne faut pas croire que la branche cadette prendra
sa place par droit de succession. La branche cadette, qui
s'est insurgée contre le droit héréditaire, peut-elle pro-
fiter de l'hérédité? Ayant pris la couronne des mains
d'une révolution, l'acceptera-t-elle, faute de mieux, des
mains du droit traditionnel? Non! Il faut de la franchise
et de la dignité dans les situations politiques, et ce serait renier celle qui a été acceptée en 1830, ce serait
condamner le règne de Louis-Philippe et rétracter le
principe de la souveraineté nationale!... Quand on a
solennellement abjuré le droit de succession; quand, à
l'heure qu'il est, on l'abjure encore en refusant de reconnaître le chef de sa maison, on ne saurait se réserver
d'y revenir plus tard par une ambition à toute fin! Il n'y
aurait pas assez de honte pour des princes qui tantôt se
prononceraient pour la révolution quand elle serait pro-
fitable, et tantôt pour le droit contraire de succession,
quand il apporterait un bénéfice.

Or, que ferait le parti légitimiste le jour où la branche
aînée viendrait à s'éteindre? Il reconnaît avec le droit
de l'ancienne monarchie que ce jour-là la nation devrait
se réunir dans ses comices pour se donner un souverain,
et alors il se trouverait en présence de la république, de
la maison d'Orléans et de la dynastie impériale. Dans
cette situation que nous voulons bien accepter un moment à titre d'hypothèse, nous croyons ne pas nous
tromper en affirmant que ses votes se porteraient sans hé-
siter sur la dynastie impériale; car celle-ci ne lui a ravi
ni sa patrie, ni sa maison d'Albe, ni la couronne. Elle
lui a, au contraire, rouvert les portes de la France; elle

l'a traité en enfant privilégié; elle lui a prodigué tous les trésors d'une réconciliation généreuse. Pourquoi donc (nous le demandons, comme si tout ce que le pays a fait par trois fois, légitimement et définitivement, fût encore à faire, on nous pardonnera cette fiction), pourquoi donc remettre à une époque éloignée, mais que les probabilités rendent non douteuse, un choix définitif que commande aujourd'hui l'intérêt de la France? Quoi! la France est à la veille de périr et vous voulez attendre, pour lui donner son sauveur, qu'elle ait péri vingt fois pendant vos temporisations! La France réclame maintenant l'état définitif qui fera finir ses souffrances, et vous voulez attendre dans une formule judaïque et dans un provisoire mortel que le décès d'un homme vous permette de faire, hors de propos, ce qu'il est si opportun et si urgent de faire à l'instant! Les nations n'ont pas tant de patience ni tant de calculs chevaleresques. Elles ne remettent pas au lendemain, encore moins à plusieurs lustres, l'affaire sérieuse de leur salut. Elles profitent du moment que la Providence leur envoie; car elles seraient coupables envers Dieu et elles-mêmes si elles ajournaient le bienfait qui leur vient d'en haut.

Au surplus, quel que soit le parti que prennent la république, l'orléanisme et la légitimité, il reste au-dessus d'eux (et c'est là ce qui nous rassure) une majorité immense, qui, heureusement possédée du besoin de l'ordre et du repos, a donné un mémorable exemple de bon sens et est allée chercher le principe d'autorité là où il réside, dans la personne de l'Empereur. Cette majorité, on ne saurait trop le répéter, n'a rien de commun avec la démocratie turbulente et oisive des républiques grec-

ques, ni avec la populace dégradée qui demandait à
Rome du pain et des spectacles. Associée à la propriété
foncière par le libre morcellement du sol, investie des
droits d'égalité et de liberté civile qui font la dignité de
l'homme, éclairée et moralisée par le christianisme, qui
élève la civilisation moderne si fort au-dessus de la civilisation antique, elle travaille, elle produit, elle obéit
aux lois et repousse les tentations de l'esprit révolutionnaire, qui paralyse son ardeur laborieuse et tarit les
sources de son bien-être. Ce n'est pas elle qui appartient
aux faiseurs de surprises ou aux hommes de hasard; elle
les renverse par ses votes quand on l'appelle à se pro-
noncer. On avait voulu lui faire consacrer la république
au 10 décembre, elle l'a solennellement condamnée. On
voudrait lui faire adopter un prétorien, un usurpateur,
un prétendant, elle les condamnerait encore. Faites ve-
rir des Galba, des Othon ou je ne sais quels autres élus
de la force révoltée, et vous verrez ce qu'elle vous ré-
pondra. Posez devant elle des candidatures hostiles à
l'Empire, évoquez des noms ou révolutionnaires ou dy-
nastiques, et vous verrez où sont ses acclamations. Ah!
vous croyez que, parce que son enthousiasme pour le
neveu de l'Empereur a été sans bornes, vous avez le
droit de dire qu'il est sans cause et qu'elle est prête,
comme les faméliques du Forum, à passer d'un maître à
un autre, prostituant au premier venu ses suffrages et
ses adulations! Il ne vous appartient pas de calomnier
par ces odieuses comparaisons notre siècle et notre patrie. Dans cette majorité que vous traitez avec ce dédain,
il y a des convictions, des principes, des intérêts, des
habitudes honnêtes, un grand amour de l'ordre, un

profond besoin de travail, un respect sincère pour le principe d'autorité et des résolutions fermes pour le faire prévaloir. Pendant que des hommes qui se croient supérieurs par leur intelligence éprouvaient des doutes mortels sur l'avenir de la France; pendant que des politiques autorisés n'osaient ni avancer ni reculer sur un terrain qui, tous les jours, s'affaissait davantage; pendant que d'autres, qui n'aimaient pas la révolution de 1848 parce qu'ils ne l'avaient pas faite, voulaient la garder, parce qu'ils y trouvaient un vide pour élever leur importance, cette majorité, plus sagace par ses instincts que les plus habiles par leur expérience et leurs calculs, a marché droit au but et a adopté, sans tant d'ambages, le dépositaire providentiel du principe d'autorité. Est-ce là le témoignage banal d'une vile populace qui obéit à la corruption et vient lâchement baiser la main des tyrans? Non! le prince que la France proclamait était faible comme un exilé et dénigré comme ceux qu'a frappés l'adverse fortune. Le pouvoir, l'armée, l'administration, tous les moyens d'influence et de coercition étaient à d'autres, qui en usaient contre sa cause. Mais lui, tout faible qu'il fût, il était puissant par le sceau populaire imprimé sur le front de sa race, et par les souvenirs d'un de ces règnes qui brillent par la gloire et fondent les institutions. Et le peuple (ce sera son éternel honneur) a préféré la grandeur morale du prince sans soldats, sans trésors, sans flatteurs, au gouvernement armé, installé, exerçant la plénitude de l'autorité sans en avoir le principe.

Maintenant, que des hommes qui, sous un nom ou sous un autre, ont toute leur vie combattu le principe d'autorité, et qui frémissent de le voir relever par les libres suffrages du peuple, se vengent de ce prodigieux retour à la vérité en comparant ce peuple généreux et droit à la multitude servile, aux hordes dégradées des antiques civilisations, nous comprenons leur mauvaise humeur et leur désappointement. Ils ont ébranlé le pouvoir, et le pouvoir est restauré; ils ont gâté la société, et la société se guérit de leur contact; ils ont perdu toutes les causes, et en voilà une qui se gagne d'elle-même en se mettant seulement aux voix. Non! non! ce peuple qu'on avait essayé de séduire par l'anarchie, et qui a mis l'ordre à la place du chaos; ce peuple à qui on offrait la licence, et qui a mieux aimé fonder un gouvernement, ce peuple-là n'est pas la société du Bas-Empire et la proie méprisable des Vandales ou des despotes : c'est une société florissante et vigoureuse, qui ne veut un pouvoir sérieux et fort que parce qu'elle a des intérêts conservateurs à vivifier; c'est une société qui, loin de tomber dans la décadence, se relève pleine d'avenir d'une chute fatale, qui se raffermit dans les voies de l'ordre pour avoir le progrès, et qui développe avec une admirable activité sa richesse, son bien-être et ses instincts moraux. Elle est prête contre les barbares modernes autant que contre les sophistes de ces derniers temps, cent fois pires que ceux de Constantinople. Voilà pourquoi les uns et les autres lui lancent l'anathème. Mais ni leurs armes ni leurs venins ne prévaudront contre elle, parce qu'elle a beaucoup mérité du monde en posant à sa base le principe d'autorité, qui fait durer les empires et qui préserve les peuples des révolutions.

NOUVELLES CONSIDÉRATIONS

sur

LE PRINCIPE D'AUTORITÉ.

NOUVELLES CONSIDÉRATIONS

SUR LE

PRINCIPE D'AUTORITÉ.

On s'est beaucoup occupé de la brochure intitulée : *Du Principe d'autorité depuis* 1789. Il fallait s'y attendre, moins à cause du mérite de cet écrit que parce qu'il touche au vif les questions du moment.

L'auteur a cité des faits qu'on ne pouvait contester; on lui a répondu par le reproche de n'avoir pas défini des principes qu'il supposait connus. S'il avait argumenté sur des principes, on l'aurait accusé d'avoir négligé les faits. C'est ainsi que d'autres lui ont reproché de n'avoir pas prédit l'avenir, lorsqu'il n'avait voulu que jeter un coup d'œil sur le passé et le présent. On ne peut ni tout embrasser, ni tout dire dans une brochure, et il ne faut demander à un écrivain que ce à quoi il s'est engagé. L'auteur du *Principe d'autorité* ne s'est pas surtout engagé à prophétiser; il laisse ce soin aux hommes d'État qui ont si bien deviné après 1848, et même après le 10 décembre, la solution du problème politique et social.

Si cependant l'auteur osait s'en mêler, non pour rendre des oracles, mais comme un simple logicien qui tire la conséquence des principes, il dirait que les causes qui ont amené l'Empire le feront durer. Ces causes ont été nationales, politiques, religieuses et sociales : nationales, pour protester pacifiquement contre nos revers; politiques, pour donner satisfaction au sentiment monarchique si profond dans notre pays; religieuses, pour rassurer la religion contre le philosophisme; sociales, enfin, pour sauver la France du socialisme et assurer à nos intérêts de liberté civile et religieuse, d'égalité et de propriété, leur développement fécond. Il faut, sans doute, tenir compte des coups de la Providence et de ces terribles jugements de Dieu qui confondent la sagesse des hommes. Mais, en général, on peut affirmer que l'avenir appartient toujours au pouvoir qui possède le présent, quand il sait en user dans l'intérêt national. Jusqu'à ce moment ceux qui se plaignent de l'Empire ne sont pas ceux qui l'ont créé. Il peut donc lui être permis, à la rigueur, de se passer d'eux. L'Empire n'est pas une combinaison éclose par le fait de quelques politiques habiles qui ont la prétention d'être des Mentor, et dont les faveurs ou les bouderies sont presque un événement pour le pouvoir qu'ils ont constitué. L'Empire est un mouvement immense et spontané de tout un peuple. Il est une de ces crises décisives qui ouvrent une ère nouvelle et donnent une forme et un cadre à toute une époque. L'importance individuelle de quelques hommes peut se trouver amoindrie par cette prodigieuse reconstitution d'une société que ses gouvernants laissaient périr ; mais les chagrins d'individualités mécontentes ne sauraient arrêter dans son développement l'œuvre providentielle qui s'est accomplie par la grande volonté de la nation. Quand l'histoire examinera les causes qui ont mis sur le trône la quatrième dynastie, elle ne sera pas réduite à percer les ténèbres qui environnent l'avénement des Carlovingiens et des Capétiens. De notre temps tout s'est fait au grand jour et à la face du monde, par un peuple ferme dans ses desseins et inébranlable dans ses préférences. Les individus sont peu de chose dans ces explosions grandioses et irrésistibles de la pensée publique.

On comprend, du reste, pourquoi les partis vaincus se rejettent sur l'avenir. Ses mystères sont une consolation pour ceux qu'attristent les réalités du présent; on en appelle à un temps que l'on ne connaît pas, des sentences rendues par un temps que l'on connaît. La fragilité des établissements humains est un beau thème pour ceux qui ont vu périr entre leurs mains la fortune des gouvernements.

Pour montrer l'instabilité de celui qui nous régit, les partisans de l'avenir se sont avisés d'une explication qui ne nous paraît ni un miracle de nouveauté, ni un abîme de profondeur. Ils prétendent que l'Empire ne saurait être qu'un intermède passager dans le drame de notre histoire, une dictature improvisée pour un temps qui ne doit pas durer, un de ces courts accidents comme en voit dans l'atmosphère, et qui ne semblent interrompre l'harmonie que pour la rétablir. La force coercitive a bien fait d'intervenir à un moment donné pour dompter des éléments indomptables. Mais maintenant que la société est pacifiée et que l'œuvre paraît accomplie, l'homme qui a sauvé extraordinairement la civilisation n'a plus rien à faire qu'à céder la place aux pouvoirs réguliers, par excellence, qui l'ont compromise, et qui certainement la compromettraient encore. Il a fait leur affaire qu'ils ne pouvaient faire eux-mêmes; ne doit-il pas être content? La pièce doit donc reprendre son cours avec ses acteurs d'autrefois; et le libérateur pour compte d'autrui se retirera dans la coulisse jusqu'à ce que de nouvelles catastrophes appellent de nouveau sa venue.

J'ai dit que ces idées ne sont pas neuves; ce sont, en effet, celles que l'illustre comte Joseph de Maistre avait exprimées en 1802 sur le fondateur de la dynastie napoléonienne. « Je me crois bien fondé à croire, disait-il, que la *commission* de Bonaparte est de rétablir la monarchie...; *après quoi, il disparaîtra lui ou sa race.* Quant à l'époque, il serait téméraire de conjecturer; tout homme sage doit dire : *Nescio diem neque horam* (1). » Ainsi, l'Empereur n'était, aux yeux de l'éloquent écrivain, qu'un commissaire extraordinaire pour rendre la vie à ceux qui l'avaient perdue, et pour donner ensuite sa démission! Je ne voudrais pas rire en pareille matière, ni manquer de respect à un homme de génie. Mais il me rappelle cette célèbre histoire de France, où Napoléon Ier figurait sous le titre de marquis de Bonaparte, lieutenant général des armées du roi. J'excuse cependant M. de Maistre; son esprit était troublé par la rapidité de cette grandeur naissante, par cette élévation inouïe qui devait monter encore et qui marchait plus vite que le temps. En 1802, Napoléon n'était, pour notre philosophe, qu'un homme nouveau, et, par conséquent, fragile; car il partait de cette idée, qui a

______

(1) *Lettres et opuscules*, t. I, p. 17. Cette lettre est datée de Saint-Pétersbourg, juillet 1802.

un côté vrai, à savoir, qu'un simple particulier ne saurait commencer une dynastie (1). Mais quand, cinquante ans plus tard, et après tout ce qui s'est passé; quand, après tant de merveilles qui ont étonné l'univers; après tant de victoires et cent fois plus de gloire qu'il n'en faut pour populariser un nom; après tant et tant de ces revers illustres qui viennent ajouter encore à la magie des souvenirs, on vient transporter dans la politique contemporaine le thème de M. de Maistre et considérer l'héritier de l'Empereur comme n'ayant que la mission passagère de mettre à la raison les idées révolutionnaires, je dis qu'on n'a pas d'excuse. Car un prince qui s'appelle Napoléon a une cause propre, une dette personnelle envers la France et une mission dynastique constatée par les signes les plus éclatants.

Que parle-t-on de dictature temporaire, comme s'il s'agissait de ces cures extrêmes après lesquelles le malade congédie le médecin qui l'a guéri? Le malade ici c'est la France, et la France a déclaré vouloir garder le prince envoyé de Dieu afin d'opérer le miracle de sa guérison. Et puis, je ne comprends pas bien ce que c'est, dans l'ordre des monarchies, qu'une dictature temporaire qui ne serait pas dans les mains du monarque lui-même. Est-ce qu'on voudrait admettre par hasard le système des maires du palais? Les rois de la troisième race, qui ne furent pas des Mérovingiens décrépits, avaient si bien compris que tout pouvoir était dans le monarque seul et

______

(1) *Lettres et opuscules*, p. 16. Nous rappellerons ici, en passant, que lors de l'avénement de Hugues Capet, ses ennemis voulurent accréditer l'idée qu'il était plébéien : *Hugonem Capet quidam vulgares et simplices credunt fuisse plebejum.... quod non est ita. (Script. rer. Franc.*, t. X, p. 297.

non dans des intermédiaires de circonstance; ils repous-
sèrent si loin l'idée de n'être pas à eux seuls l'image et
la personnification permanente du pouvoir, qu'ils avaient
fini par supprimer la fonction de connétable comme trop
voisine de la couronne. Qu'importe qu'il y ait eu de
grands ministres et de grands généraux sous des rois plus
ou moins grands, Richelieu sous Louis XIII, Colbert
sous son successeur? Telle n'est pas la question. Quand
Louis XIV donnait à Villars une mission qui sauvait la
France, il était là pour remplir son lieutenant de son esprit magnanime, pour l'échauffer par son patriotisme,
pour diriger et enflammer son dévouement. Et la France,
autant que Villars, savait bien que Louis XIV était le
chef, la force et l'espérance du pays. Mais lorsqu'au milieu des débris de deux couronnes et des ruines de la société, un homme a été appelé par le peuple pour fermer
l'abîme des révolutions, et que cet homme, portant le
nom impérissable de Napoléon, montre un caractère
aussi grand que les circonstances, cet homme n'est le
vicaire de personne, si ce n'est de la nation dont il est
l'élu, et il doit rester son chef, lui et sa race, tant qu'il
représentera son esprit et ses intérêts. Une délégation
monarchique, c'est-à-dire la fondation d'une dynastie,
n'est pas pour un jour ni pour une circonstance; elle est
faite pour s'adapter autant que possible à toutes les éven-
tualités de l'avenir et à toutes les périodes de la civilisation.

Au onzième siècle, une élection opérée, non sans de
graves contestations, par quelques barons et quelques
évêques, a pu faire durer pendant plusieurs siècles une
royauté qui sut se plier aux phases les plus variées du
développement national, depuis la monarchie féodale de

Hugues jusqu'à la monarchie absolue de Louis XIV. Une élection de la nation entière, réunie dans ses comices et unissant sa grande voix à celle de la Providence, ne fera-t-elle durer qu'un jour une dynastie sortie des entrailles du pays, associée à ses destinées, et pénétrée de sa vie et de ses besoins?

M. de Maistre prédit que la race de Bonaparte disparaîtra. Que vous semble de la prophétie? Qu'on ne parle pas de l'éclipse de 1814, car nous pourrions répondre par la réapparition foudroyante de 1815, ou bien encore par d'autres éclipses arrivées en 1830 et 1848, sans la terrible interposition des armées étrangères. Nous répondrons surtout par le 10 décembre et par les événements qui en ont été le développement naturel et nécessaire. L'Empereur Napoléon Ier, au lieu d'avoir disparu, est resté, à force de gloire et de génie, comme César et Charlemagne, un de ces noms autour desquels se range la postérité. Il a rempli le monde de sa mémoire et maintenu la France par ses institutions. Abattu par une coalition formidable de l'Europe, mais non condamné par la sentence du pays, il vit dans les légendes populaires avec le prestige des héros et le culte des martyrs. Après trente ans d'essais, d'épreuves et de bouleversements, son sang s'est retrouvé pour sauver le pays, et c'est lui que la nation a invoqué aussitôt qu'elle a pu faire librement son choix. Réfléchissons bien à ceci. Lorsqu'il existe une race privilégiée, que Dieu semble tenir en réserve pour lui donner coup sur coup la commission de rétablir une société abandonnée de ses chefs, il est clair que c'est à elle que les plus manifestes décrets de la Providence donnent le droit de régir l'État et de conserver le pouvoir. Quand les évêques de France allèrent consulter le pape Zacharie sur la cause des rois mérovingiens qui avaient le nom de rois, mais qui n'en avaient pas l'autorité, le pape répondit qu'il fallait donner la couronne à celui qui avait la force de la porter, et il ordonna de déférer la royauté à Pepin (1). C'est ce qu'a fait le peuple français au 10 décembre, pour une race qui a plus qu'un Charlemagne dans son histoire.

Il est certain, en effet, que, bien que les dynasties soient instituées avec la pensée d'une durée indéfinie, il arrive des circonstances rares et extraordinaires, qui opèrent un divorce entre elles et la nation; nécessité fatale et extrême, séparation douloureuse qui n'a jamais lieu sans des tiraillements prolongés, mais qui s'explique quand la sève nationale se retire de la souche régnante. Nous ne voudrions rien dire ici qui affaiblit l'idée que nous nous faisons de l'inamissibilité du pouvoir monarchique, en ce sens que le point fixe créé par la monarchie ne doit pas être atteint par les fluctuations du mouvement politique ni par l'ambition et le mécontentement des partis. Nous tenons en principe, avec Bossuet, que la révolte n'est point permise et que l'insurrection est une calamité et presque toujours un crime. Mais ceci doit se concilier avec cet autre principe, que les rois sont faits pour les peuples et non pas les peuples pour les

____

(1) *Einhardi opera. — Pippinus.* 750.

DCCL.

Burchardus Wirziburgensis episcopus, et Folrabus presbyter capellanus missi sunt Romam ad Zachariam papam, ut consulerent pontificem de causa regum, qui illo tempore fuerunt in Francia, qui nomen tantum regis, sed nullam potestatem regiam habuerunt; per quos prædictus pontifex mandavit, melius esse illum vocari regem, apud quem summa potestatis consisteret; dataque auctoritate sua, jussit Pippinum regem constitui.

rois (1), et nous admettons avec de Maistre, dont le témoignage est si grand dans ce sujet, que les dynasties sont sujettes à la décadence, et qu'il y a pour elles, comme pour tout ce qui est de ce monde, une fin marquée par la volonté de Dieu. « N'avez-vous point observé, madame, » dit notre auteur (2), que dans la noblesse, qui n'est » par parenthèse *qu'un prolongement de la souveraineté,* » il y a des familles *usées,* au pied de la lettre. *La même* » *chose peut arriver dans une famille royale.* La dynastie » de la maison de Bourbon est-elle arrivée au point de » répéter la chute inévitable des Carlovingiens? Les par- » tisans du *nouvel homme* le disent en France; mais j'ai » de bonnes raisons de croire le contraire, et je me com- » plais à le penser, car c'est la maison à laquelle je suis » le plus attaché après celle à laquelle je dois tout....... Je » reprends donc mon terrible dilemme : Ou la maison de » Bourbon est *usée* et condamnée par un de ces jugements » de la Providence dont il est impossible de rendre rai- » son, et dans ce cas *il est bon qu'une nouvelle race com-* » *mence une succession légitime, celle-ci ou celle-là, n'im-* » *porte à l'univers ;* ou cette famille auguste doit reprendre » sa place, et rien ne peut lui être plus utile que l'accession » passagère de Bonaparte, qui hâtera sa propre chute et » rétablira toutes les bases de la monarchie sans qu'il en » coûte la moindre défaveur au prince légitime (3). »

(1) Mot du duc de Bourgogne. La même idée a été à peu près exprimée par Louis XIV en ces mots : « C'est tout comme nous » sommes à nos peuples, que nos peuples sont à nous. » (*Ins-truction et Mémoires,* p. 19. V. aussi la *Journée de Louis XIV;* par M. le marquis de Pastoret, sénateur.)

(2) *Lettres et opuscules,* t. 1, p. 13.

(3) *Lettres et opuscules,* p. 13, 14 et 15.

Oui, il est vrai que ce dilemme est terrible, et voici pourquoi : c'est qu'en effet l'Empereur a su rétablir toutes les bases de la monarchie, et que les Bourbons sont ensuite venus, qui, malgré la force d'un grand principe et l'éclat de services passés, les ont toutes compromises et ébranlées; c'est que, si l'Empereur a donné à la France la monarchie dont elle ne peut se passer, les Bourbons ont, pour la seconde fois, laissé tomber sur elle le fardeau de la république qu'elle ne saurait supporter; de telle sorte qu'en 1852, comme en 1802, il a fallu en appeler de l'impuissance des uns à la puissance de cette autre race dont M. de Maistre prédisait le complet anéantissement! Combien seront mémorables et instructives de telles pages ajoutées à l'histoire de nos maisons régnantes! On n'avait pas voulu en croire une première expérience; on s'était plu à dire que l'édifice élevé par un incomparable génie n'était construit que sur le sable; que cette lumière n'était qu'un météore; que ce pouvoir n'était qu'un glaive; que *rien ne tiendrait* en France (1) si, après l'épuration de la société par son bras vengeur, la nation ne revenait à ses anciens rois, à la source de toute autorité morale, de tout pouvoir régulier, de toute situation stable et prospère. Eh bien, ce retour a eu lieu, la France a revu l'auguste famille des Bourbons, et le rêve de M. de Maistre s'est réalisé. Mais, hélas! les vicissitudes ont recommencé; le rétablissement et la chute se sont suivis de près. Des principes proclamés éternels sont tombés comme s'ils eussent été d'éphémères erreurs; des transactions qu'on croyait efficaces n'ont pas été

(1) M. de Maistre, au lieu cité, p. 17.

plus heureuses que des prétentions condamnées pour être trop absolues. En un mot, les épreuves sont devenues si nombreuses et si terribles, qu'elles ont pris le caractère de démonstrations, et la France, voyant que c'était *cela qui ne tenait pas*, a repris l'œuvre commencée au début du dix-neuvième siècle pour en faire la sauvegarde de l'avenir.

Nous croyons donc qu'après la confusion de nos temps néfastes, qui peut-être ne sont pas finis, et qu'en face de ces jours nouveaux qui ferment le cycle des anciens jours, il est bon, comme dit M. de Maistre, il est indispensable et conforme aux desseins de la Providence « qu'une nouvelle dynastie commence une succession de » monarques légitimes, » capables de soutenir et de diriger la société. Car si la force est placée avec raison par Bossuet parmi les vertus des rois (1); si l'autorité royale doit être invincible, « de sorte que rien ne puisse forcer » le rempart à l'abri duquel le repos public et le salut » des particuliers sont à couvert, » il faut chercher ailleurs que dans des monarchies vaincues par la révolte et victimes de leur faiblesse, l'égide des bons citoyens, le rempart des particuliers et la stabilité de l'État.

Ceci entendu, on verra maintenant pourquoi nous serions parfaitement à notre aise si nous voulions suivre nos contradicteurs dans les distinctions grammaticales auxquelles ils nous provoquent au sujet des mots *autorité, pouvoir, puissance*, etc., etc., qui sont souvent revenus sous la plume de l'auteur de la brochure. Mais à quoi bon les définitions savantes dans un écrit rapide

(1) *Politique*, p. 133, 135.

qui ne veut qu'effleurer une matière? Nous dirons à ceux qui nous en demandent qu'ils en trouveront de très-mauvaises sur ce point dans les dictionnaires. Nous les prions de ne pas trop se fier aux distinctions de la langue littéraire, et de remonter, s'ils veulent savoir le fond des choses, à la jurisprudence romaine, qui possède l'origine de tous ces mots. Quant à nous, qui ne savions pas qu'il pût y avoir des mystères si redoutables pour notre thèse dans une définition de l'autorité, nous avons cru tout simplement que le principe d'autorité est cette grande chose que des mains trop faibles ont laissé insulter, énerver, renverser en 1792, 1830 et 1848; nous avouerons même qu'à l'exemple d'écrivains accrédités, nous avons souvent pris l'autorité dans le sens du pouvoir, et le pouvoir dans le sens de l'autorité, et c'est encore ce que nous ferons ici, si cela nous convient, parce que les distinctions dont on se tourmente n'ont rien à faire à notre point de vue.

Voulez-vous, au surplus, que nous abordions des points plus sérieux et des théories plus décisives? Eh bien, l'auteur de la brochure le déclarera hautement après l'avoir déjà dit dans son écrit : Tout pouvoir vient de Dieu, comme nous l'apprend l'Apôtre; et cette grande vérité se révèle dans la puissance paternelle que vous appellerez comme vous voudrez, autorité, pouvoir, puissance; dans le pouvoir du génie, de la vertu, de la force; dans le pouvoir du droit et de ces lois morales qui empêchent les intérêts humains de s'entre-choquer. Pourquoi n'y a-t-il pas de société humaine sans un pouvoir qui la dirige? Pourquoi le pouvoir est-il partout, même dans les sociétés d'animaux et de pauvres insectes que nous voyons obéir à des chefs? Est-ce l'homme qui a inventé le sentiment de l'obéissance, n'est-ce pas Dieu lui-même qui, en créant l'homme faible, a placé à côté de lui le pouvoir, pour l'aider, l'assister, le compléter par la force qui lui manque? Cicéron remarque très-judicieusement que la docilité est instinctive chez le plus grand nombre (1). Il le faut bien, car le plus grand nombre a besoin du pouvoir. Soit que ce pouvoir soit celui du talent, de la raison, de la science, de la tradition, du prince, etc. ; qu'il soit moral, civil ou politique, il faut que ce secours étranger s'ajoute à l'homme pour assurer ses pas chancelants et augmenter la puissance de ses propres facultés. Telle est l'éternelle loi de l'humanité, et toute loi éternelle est divine. C'est pourquoi Cicéron a dit admirablement que les chefs et les conservateurs des cités ont une mission de Dieu : *Civitatum rectores et conservatores hinc profecti* (du ciel), *hùc revertuntur* (2); car ceux qui fondent les empires, qui les conservent ou les rétablissent, ne peuvent accomplir cette tâche que par la communication surnaturelle d'une force et d'un esprit que n'ont pas les autres hommes.

Il faut convenir, cependant, que le pouvoir déféré d'en haut a besoin de l'adhésion des peuples pour se promulguer (3). Si l'on excepte le pouvoir paternel, où la nature commande l'obéissance et interdit la délibération, nous ne connaissons en ce monde aucune autorité qui puisse se passer de l'opinion des hommes. Il ne suffit pas d'être vertueux, il faut le paraître; il ne suffit pas

(1) *Pro Sextio,* 42.
(2) *De Rep.,* 6, 8.
(3) *Deut.,* 17, 14.

d'être habile, il faut en donner la confiance; il ne suffit pas d'avoir un spécifique, il faut qu'on croie à sa vertu. Vous possédez un nom royal, et le pays vous doit, dans le passé, d'immenses et glorieux services; qu'importe s'il s'obstine à vous considérer comme incapable de lui rendre dans l'avenir ceux qu'il attend d'un bon gouvernement! Vous avez toutes les qualités indispensables pour remplacer le pilote tué à l'abordage; mais qu'importe, si l'équipage se défie de vous! Nous avouons qu'en général les sociétés ont une admirable sagacité pour se mettre d'accord avec ceux qui peuvent quelque chose pour leur avantage ou pour leur salut, et que les supériorités utiles, bienfaisantes et de bon aloi ne sont mal comprises que dans des cas heureusement rares et singuliers; car il y a sympathie naturelle de l'homme qui a besoin pour l'homme nécessaire. Il n'en est pas moins vrai que c'est l'opinion qui communique aux puissances si diverses que la nature a départies dans les sociétés humaines l'autorité par laquelle on dirige les hommes. Aussi les légistes romains disaient-ils que l'opinion sur une chose est plus que la vérité sur cette chose (1).

Ceci posé, et sans embarrasser notre esprit dans les distinctions grammaticales, il nous semble que nous avons là une pierre de touche excellente pour décider la question de la légitimité du pouvoir. Nous ne parlons pas des formes de gouvernement, qui dépendent exclusivement des circonstances et de la volonté des hommes, et parmi lesquelles la monarchie est celle qui offre le plus de simplicité, de stabilité et de perfection. Mais

(1) *Plus est in opinione quàm in veritate.* L. 15. D. *De acq. hæred.*

nous disons que, lorsqu'il arrive une de ces crises suprèmes où une monarchie va confier à une dynastie le dépôt de son esprit et de son avenir, il y a dans un tel événement des choses qui sont de Dieu et des choses qui sont des hommes. Ce ne sont pas les hommes qui, du limon commun, peuvent se fabriquer un roi. Il n'y a qu'une vocation extraordinaire et une sorte de consécration magique qui puissent faire qu'un homme et une famille, entre tous, se trouvent prédestinés pour cet immense office de régner, le plus grand, mais le plus chargé de responsabilité devant la justice de Dieu et la justice humaine.

Mais s'il s'agit seulement de choisir, entre ces familles privilégiées, la plus capable de porter ce fardeau, c'est ici que le consentement des hommes intervient avec un caractère souverain et décisif.

Les anciens, qui ont le plus vécu au milieu du suffrage universel et qui en ont le mieux signalé les déplorables abus, ont fait remarquer qu'au milieu de beaucoup d'erreurs dans les choses secondaires, le suffrage populaire excelle à trouver, dans les grands périls sociaux, l'homme de qui dépend le salut public (1). Rien n'est plus vrai, et le péril qui trouble les individus semble illuminer les masses par l'exaltation du sentiment de la conservation. Il éclate alors des manifestations sublimes qui débrouillent les situations les plus compliquées, qui résolvent les problèmes les plus obscurs et pénètrent dans l'avenir par de soudains et infaillibles pressentiments.

Où sera le pouvoir, s'il n'est pas dans ce mariage entre

____

(1) Cicéron, *pro Plancio*, 3.

5.

le peuple qui se donne un gouvernement et celui en qui la Providence a réuni les conditions qui font les rois? Quel sera le vrai et légitime possesseur du principe d'autorité, si ce n'est celui qui unit à la force qui vient de Dieu la force qui vient du peuple? De même qu'il n'y a pas d'autorité morale plus excellente que celle qui résulte de l'accord de la raison et de la coutume (1); de même, il n'y a pas, en politique, de pouvoir plus parfait et plus respectable que celui qui se fonde sur la justice d'une cause proclamée par la volonté générale, sur la légitime défense d'une société confiée, non avec des fictions et des sous-entendus, mais par la solennelle adhésion du pays, à une race aimée du peuple. Voilà le sommaire de nos idées sur la légitimité du pouvoir; elles nous paraissent plus claires et plus décisives que toutes les définitions de Vaugelas et de l'abbé Girard.

C'est donc vainement qu'avec des sentiments et des souvenirs, on essaierait de contester la légitimité de l'Empire, que nous appuyons, nous, sur des principes. Au 10 décembre 1848, la lice était ouverte; les partis qui se plaignent pouvaient se produire. Le peuple, gouverné par la république qu'il n'acceptait pas, avait à opter entre les trois causes qui aspiraient à l'en débarrasser : c'était pour chacune d'elles le moment solennel et suprême de se montrer avec son droit, avec sa force, avec ses moyens de sauver la civilisation. Pourquoi n'y a-t-il qu'un nom, qu'un droit qui soit sorti de cette urne, qui contenait les destinées de la France et du monde?

(1) Cùm consuetudini veritas suffragatur, nihil oportet firmius retineri. (Gerbert, *Epist. ad Wild.*) — Archives de la ville de Reims, p. 182, anno 993.

Pourquoi cet enthousiasme d'un côté et cette abstention silencieuse de l'autre? Y aurait-il par hasard deux ordres de dynasties : les unes faites pour jouir des douceurs de la royauté, quand tout va bien; les autres en disponibilité pour la rétablir, quand les premières ont tout perdu?

Il existe, du reste, un *criterium* excellent pour juger si un pouvoir se trouve dans des conditions naturelles et vraies : c'est de voir s'il possède les attributs essentiels de l'autorité. Or l'autorité est inviolable et sacrée : est-ce l'Empire qui a laissé violer son sanctuaire par la révolte? L'autorité est invincible : est-ce l'Empire qui a été vaincu par l'esprit révolutionnaire? L'autorité est ferme : est-ce l'Empire qui a failli devant le désordre? L'autorité doit garder le troupeau : est-ce l'Empire qui l'a livré sans défense aux appétits démagogiques? L'autorité doit faire révérer la religion : est-ce l'Empire qui l'a compromise par une protection maladroite, ou laissé insulter par le sac de ses temples? L'autorité est la gardienne des lois : est-ce l'Empire qui a permis aux barricades de se dresser contre elles et de mettre à leur place l'anarchie? Ainsi, les causes et les effets, les conditions d'existence et les opinions, tout concourt à démontrer que depuis long-temps la France n'avait rien fondé d'aussi nécessaire, d'aussi national et d'aussi logique que la monarchie impériale.

Si maintenant l'auteur de la brochure voulait s'occuper de ceux de ses adversaires qui ont trouvé mauvais que, dans un écrit sur le principe d'autorité, il ait parlé de l'autorité plus que de la liberté, sa réponse serait aussi simple que sa pensée a été claire. L'auteur est convaincu que, depuis 1789, la liberté est plus forte en France que le principe d'autorité; il a donc voulu se porter du côté menacé plutôt que du côté menaçant, laissant à d'autres le soin d'une cause qui attaque plus qu'elle ne se défend. Si la liberté a éprouvé quelques échecs, c'est seulement parce que le pouvoir en a éprouvé de plus graves, et que nulle liberté politique n'est bien assise dans un pays où le pouvoir n'est pas solidement fondé. L'auteur de la brochure a donc commencé par le commencement. Ce n'est pas sa faute si, tournant toujours dans le même cercle, retombant toujours dans les mêmes erreurs, quelques esprits persistent à ne pas voir ce qui est visible et pensent guérir le mal avec le mal.

L'auteur avait énoncé au frontispice de son opuscule qu'une société libre ne manque jamais de tomber dans l'anarchie, c'est-à-dire dans le despotisme, si elle ne donne pas au principe d'autorité la part considérable et incontestée qui lui appartient. C'était dire assez qu'il n'a d'inclination ni pour l'anarchie, ni pour le despotisme. Il n'en a pas davantage (et tout homme impartial sera de son avis) pour une liberté qui consiste à harceler le pouvoir, à le tenir en échec, à le pousser, haletant et fatigué, dans des voies qui le font déchoir. Le principe d'autorité et la liberté n'ont sombré dans le naufrage commun de 1848, que parce que la liberté avait pris depuis longtemps, et par l'influence d'une certaine école, cette humeur intolérante et agressive. Tous ceux qui ont gémi de la révolution de février doivent donc comprendre qu'il faut se réconcilier avec le principe d'autorité, et adoucir les habitudes acariâtres, l'esprit de dénigrement et l'aigreur tracassière de la liberté : c'est ainsi que la France arrivera à unir deux choses dont on peut dire avec Tacite : *Olim dissociabiles*. L'auteur de la brochure ne demande que leur rapprochement.

Mais est-il vrai que les institutions actuelles s'opposent à ce résultat? Nos adversaires nous disent, avec des plaintes assez amères, qu'il est impossible d'en espérer la liberté. Voyons cependant la valeur de ces gémissements.

D'abord, nous ne croyons pas que le pouvoir absolu, proprement dit, ait été établi en France, à aucune époque. Notre pays n'a jamais vécu sous le despotisme; il n'y vivra jamais. Lorsque la masse de la nation était privée de la liberté civile, il y avait pour les classes supérieures une liberté politique poussée à l'excès. Quand la liberté politique leur fut enlevée, la liberté civile s'étendit dans tous les degrés de l'échelle sociale et se trouva mûre en 1789. On ne peut donc pas ranger la France parmi les États d'où la liberté a été absente. La France, jouissant de la liberté civile la plus réelle, et forte de ses allures franches et de ses mœurs libérales, n'a jamais connu le despotisme.

Il est même à remarquer que c'est sous la monarchie absolue des deux derniers Bourbons que la liberté de penser et d'écrire a été, en fait, portée le plus loin. Une société s'est rarement livrée à un mouvement intellectuel plus vif et plus indépendant. On pourrait même reprocher au pouvoir d'alors de n'avoir pas assez resserré cette liberté si hardie; la génération qui a suivi porte encore la peine de ces témérités et de cette faiblesse.

Quant au temps présent, on ne niera pas que nous ne possédions la liberté civile dans tout son développement. Nous avons, avec l'abolition des priviléges, avec l'égalité de tous devant la loi et la répartition proportionnelle de l'impôt, la liberté individuelle, la liberté de conscience, la liberté de l'industrie et du travail, la liberté de la propriété. Voilà la solide et précieuse conquête de la civilisation moderne; voilà la liberté primordiale, naturelle, inaliénable et imprescriptible, qui a fait ériger en règle incontestée que les hommes naissent libres, et que le despotisme est une usurpation. On n'en saurait dire autant de la liberté politique; elle est plutôt une liberté qui se concède et se mesure, qui s'étend et se restreint, qui s'avance et se replie suivant les circonstances et le degré de civilisation des peuples. Si l'on veut se garantir des erreurs fatales de l'école révolutionnaire, on n'aura pas de peine à reconnaître qu'elle est beaucoup plus du droit positif que du droit naturel, et qu'elle se distingue par son origine, comme par ses effets, de la liberté civile.

La raison de cette différence est que la liberté civile est constamment limitée par le droit d'autrui, et qu'elle ne se meut légitimement que dans le cercle individuel qui appartient à chacun, sans aucun empiétement sur le domaine du voisin; au lieu que la liberté politique ne peut se mettre en action sans toucher à l'intérêt d'autrui, sans réagir sur un domaine dont on n'est pas maître, sans engager la liberté des autres, leur personne, leur propriété, la chose publique. Dans l'exercice des droits civils, on ne décide que de soi; dans l'exercice des droits politiques, on décide de soi et des tiers. Sans doute, c'est un grand et désirable progrès qu'une nation arrive à la jouissance de la liberté politique. La civilisation doit y tendre par tous ses moyens, en développant l'intelligence des masses, la richesse des individus, la sagesse de la nation, le patriotisme et l'amour des lois.

Mais on se trompe, si l'on prétend que la liberté politique est un droit primordial et une liberté native au même
titre que la liberté civile. Elle doit être méritée et labo-
rieusement conquise par des qualités que ne possèdent
pas tous les peuples et qui seules peuvent les en rendre
dignes.

Est-ce à dire que la France ne doit pas y prétendre?
Singulière question dans un pays qui vient d'élire librement son souverain, qui jouit du suffrage universel au
delà peut-être de ses besoins et de ses désirs; où l'on
peut faire des livres sur tous les sujets de religion, de
philosophie, de politique, de morale, sans compter avec
une censure; où les journaux ont le droit de parler quand
ils devraient se taire, et de se taire quand ils devraient
parler; où la polémique quotidienne peut s'alimenter de
toutes les questions sérieuses qui touchent aux intérêts
du pays; où la presse ne rencontre dans ses hardiesses
qu'une seule barrière infranchissable, à savoir, l'obliga-
tion de respecter les personnes et les lois, de déposer les
armes agressives et les traits empoisonnés, de laisser le
repos au pays, l'autorité au Gouvernement, et le dernier
mot à la volonté nationale; dans un pays, disons-nous,
où c'est à une magistrature inamovible qu'est confiée
l'administration de la justice; où il y a un corps élevé
spécialement chargé de réformer, sur la plainte des particuliers, les abus de pouvoir; où les lois, enfin, et les
impôts sont discutés et votés par les élus du peuple, qui
peuvent les rejeter. Si l'on refuse de voir dans cette es-
quisse une des formes réelles de la liberté politique, c'est
probablement qu'on s'est blasé le goût par la nourriture
corrosive d'un régime incendiaire. Sans doute, ce n'est

pas là la liberté politique à l'anglaise; la constitution impériale a beaucoup plus de consonnance avec les idées traditionnelles de la nation française qu'avec le régime constitutionnel de l'Angleterre. Mais l'imitation que nous avons faite du mécanisme politique de nos voisins, avec la *furia francese* de plus et l'esprit anglais de moins, a été trop féconde en calamités pour qu'il ne soit pas éminemment salutaire de rentrer dans des combinaisons mieux appropriées au génie français. Comme, à l'heure qu'il est, l'esprit public, harassé par des luttes infructueuses, éprouve le besoin d'un profond repos, les amis du mouvement perpétuel affectent de transformer ce temps de répit donné à la guérison par les institutions impériales, en une défaillance ou un asservissement de l'existence politique; mais le calme après la tempête n'est pas la suspension de la vie de la nature; c'est l'équilibre qui se rétablit et l'ordre accoutumé qui reprend son cours.

Rien, au reste, ne fait plus d'honneur à la raison de la France que cet apaisement des orages de ces dernières années; rien ne prouve mieux l'excellente organisation des intérêts légitimes si nombreux dans notre pays; rien ne montre mieux combien une démocratie qui travaille, qui possède, qui, grâce à la liberté civile et au droit commun dont elle jouit, a poussé de si profondes racines dans la propriété mobilière et immobilière, est différente des démocraties factieuses qui vivaient jadis sur la place publique et mendiaient les oboles civiques. Si la France continue dans cette voie, elle arrivera à des progrès inouïs; et, après avoir étonné le monde par ses exploits, après l'avoir ébranlé par ses révolutions, elle

l'éblouira par les merveilles de sa civilisation et par l'é-
clat de sa prospérité.

Ce pronostic n'est pas de nature à plaire à ceux qui
s'obstinent à penser qu'aujourd'hui, comme dans l'antiquité, les démocraties ne peuvent aboutir qu'à des folies
ou à des crimes. Nous serions de leur avis si nous enten-
dions la démocratie dans le sens que lui donnent les écrivains et les orateurs du côté gauche de nos assemblées
républicaines. Mais, grâce au ciel, nous n'avons rien de
commun, ni pour le langage, ni pour les idées, avec l'é-
cole révolutionnaire. La démocratie a pour nous une
tout autre physionomie.

La démocratie, c'est la France entière avec toutes ses
fractions et ses nuances, avec toutes ses classes et ses
échelons, avec ses supériorités sorties hier des rangs inférieurs, avec ses rangs inférieurs qui, demain, feront
monter en haut d'autres supériorités; avec sa constante
et progressive élévation du niveau des conditions; avec
son mouvement de circulation qui porte la vie, du cœur
vers les extrémités, et des extrémités vers le cœur; avec
l'uniformité de ses lois, l'égalité de ses habitants et l'affranchissement de la propriété et du travail. Voilà la démocratie telle que nous l'avons toujours conçue; c'est
celle-là seule qui est dans la véritable mesure dont parle
Aristote, sans l'avoir jamais vue dans sa patrie. Nous la
faisons consister dans les intérêts, tandis que d'autres
la mettent dans des formes. Nous la voyons dans l'é-
galité devant la loi, dans la liberté civile, dans la liai-
son de toutes les parties de la société par une chaîne
de rapports bienveillants et d'échanges fructueux, tandis
que d'autres ne la conçoivent qu'en délibérations sur

la place publique et en agitation dans des comices tu-
multueux. Nous la convions au travail, tandis que
d'autres l'excitent à la politique pour la nourrir de fièvre
et d'oisiveté. On voit que nous ne nous entendons pas.
Mais ce qu'il y a de sûr, c'est que nous repoussons dans
les bas-fonds de la démagogie ces hordes stupides et fa-
natiques qui n'ont jamais été en France qu'une minorité,
et forment, dans quelque grande cité, cette *vile multitude* qu'avaient à leur solde les Danton et autres scélé-
rats réhabilités dans certaines histoires modernes : minorité toujours prête pour les destructions, toujours en
révolte contre les lois, et cependant toujours obéissante
aux sophistes révolutionnaires, qui renverse les trônes
et accompagne les rois à l'échafaud, qui massacre les
honnêtes gens et dresse les barricades pour la guerre civile! Quoi! parce que de grands criminels ont essayé de
parer du manteau de la démocratie leurs forfaits ou leur
délire, il faudra que la langue politique, parlée par des
hommes sensés, accepte ces équivoques, et renonce à se
servir d'un mot qui, entendu dans sa pureté, s'applique
à un état normal et à des sociétés régulièrement consti-
tuées! Et de quel nom qualifierez-vous donc la situation
de la France depuis 89, si vous refusez de voir en elle
une démocratie? Est-ce que, par hasard, une aristocratie
serait la force prédominante dans ce pays idolâtre de l'é-
galité, où la vie politique et civile, répandue à grands
flots dans les veines de la société, anime le corps entier
de la nation, au lieu d'être exclusivement renfermée dans
le sein d'une caste privilégiée et prédominante? Il n'y
aurait donc aucune différence entre la démocratie et la
démagogie, entre le droit commun et l'abus sacrilège de

ce droit, entre la force modérée et salutaire, et la force brutale et subversive, entre l'égalité et l'équilibre de tous les éléments sociaux tendant au même but, et la prépotence furieuse d'une minorité ignorante et tyrannique! Il faudra donc admettre que la France, atteinte et convaincue de démocratie, est une nation désespérée, dont on ne doit attendre que des explosions volcaniques; sujet d'effroi au dehors, théâtre d'anarchie au dedans, épave tour à tour disputée par l'anarchie et le despotisme! — Que la démocratie soit sujette à la corruption, qui le nie? Mais n'y a-t-il pas aussi une corruption de l'aristocratie, de la monarchie et de la religion elle-même? Oui, la démocratie peut se corrompre; c'est pour cela que nous voulons pour elle un pouvoir qui lui soit propre, un pouvoir qui la comprenne et qui par là puisse diriger sa marche, en ménageant ses instincts, en contenant ses passions, en développant ses immenses facultés.

Au surplus, il faut en prendre son parti. La France est ce qu'elle est; on ne changera pas ses éléments essentiels, on ne la fera pas rétrograder. Et quant à ceux qui trouvent plus commode de retrancher de son sein la démocratie, mettant à sa place je ne sais quelle situation indéfinissable et arbitraire, nous demandons comment il se fait que des partis qui aspirent à gouverner la France ignorent son état et le véritable caractère de sa civilisation. S'ils croient affaiblir la vérité en la niant, ils se trompent; s'ils croient pouvoir représenter et conduire une nation sans la connaître, ils se trompent encore, semblables au pilote qui aurait la prétention d'éviter les naufrages, et qui ne saurait pas s'il navigue sur le Pont-Euxin ou sur l'Océan! C'est précisément parce qu'ils n'ont pas foi aux mérites de la démocratie, parce qu'ils ignorent ses ressources prodigieuses et ses ressorts puissants, que nous les tenons pour des chefs imprévoyants, qui nous feraient recommencer les épreuves de 92, de 1830 et de 1848.

Un auteur déjà cité, et qui a joui, dans le parti royaliste pur, d'une grande et juste autorité, a dit : « La révolution française ne ressemble à rien de ce qu'on a vu dans les temps passés. Elle est *satanique* dans son essence. Jamais elle ne sera totalement éteinte que par le principe contraire, et jamais les Français ne reprendront leur place jusqu'à ce qu'ils aient reconnu cette vérité (1). » Il y a du vrai dans cette proposition; mais il y a encore plus de faux que de vrai, et c'est par les fausses idées qu'elle renferme que la cause des Bourbons a été gâtée. Si par la révolution on entend l'insurrection contre le pouvoir, le mépris de la religion, la désobéissance à tout ce qu'il y a de sacré dans la nature, on a raison; c'est parce que nous sommes de cet avis que nous demanderons à ceux qui ont dans le cœur le sentiment du patriotisme et du bien public de se ranger autour du principe d'autorité, qui est le principe contraire et l'antidote de l'esprit révolutionnaire. Mais la révolution française, comme le Janus à deux visages, a une autre face bien différente de ce sinistre aspect; la transformation qu'elle a opérée par l'égalité des personnes et la liberté des consciences, par la fusion des classes et des intérêts, par l'affranchissement du sol et la constitution démocratique de la propriété, est un triomphe à

(1) M. le comte J. de Maistre. — *Considérations sur la France*, ch. x, § 3. *Du Pape. Discours préliminaire*, p. 35.

jamais admirable du droit naturel sur le droit arbitraire,
de l'humanité sur l'œuvre factice de la politique. Je ne
doute pas qu'à la longue l'ancien régime n'eût donné ces
biens à la France. Mais, par sa faute, il se les laissa ar-
racher; et, comme il a péri dans la résistance, on a
donné le nom de *révolution* aux droits et aux intérêts
dont la conquête a coïncidé avec cette chute, afin de
faire ressortir avec plus de force l'immense intervalle
qui a séparé tout d'un coup, et trop brusquement peut-
être, l'avenir du passé de la France, le nouveau régime
de l'*ancien régime*. Si c'était seulement à cause d'un mot
malsonnant que beaucoup d'hommes scrupuleux et honnêtes ont pris ombrage de la chose, nous en serions
volontiers le sacrifice. Mais c'est la chose elle-même qui
a été mal vue, mal jugée, mal supportée, soit à cause
de son principe démocratique, soit à cause de son occa-
sion; et la France s'est inquiétée de ces dispositions
malveillantes pour des progrès qu'elle doit beaucoup plus
encore à la raison et à la justice qu'à la nuit du 4 août
et aux agitations d'une époque critique. Or, c'est ici
qu'éclate l'immense erreur de l'illustre écrivain que nous
combattons sur ce point particulier. Prendre le contre-
pied de la révolution ainsi entendue et limitée, ou, si on
l'aime mieux, de la transformation sociale de 89, c'est
compromettre sa cause; c'est méconnaître les nécessités
de son temps; c'est, de plus, se rendre gratuitement im-
populaire et odieux. Aussi M. de Maistre attendait-il,
pour le triomphe de son parti, des miracles qui ne se
sont pas faits. Tandis qu'au contraire les miracles se
multiplient pour l'autre cause, qui, s'identifiant avec les
intérêts démocratiques de la France, a su deux fois ar-

racher aux idées révolutionnaires le sceptre des tempêtes et pacifier les abîmes irrités.

Maintenant on nous demande, à nous dont les préférences monarchiques ne sont pas équivoques, comment nous pouvons nous persuader que la démocratie et la monarchie ne hurlent pas de se rencontrer ensemble. Si les Français étaient des Athéniens, ainsi qu'on le dit quelquefois, la question pourrait nous embarrasser, quoique nous n'ayons pas oublié la fable des grenouilles qui demandent un roi. Mais la France n'est pas la Grèce, et la civilisation moderne a son originalité. La preuve que la monarchie et la démocratie ne sont pas incompatibles chez nous, c'est que la France, qui est une démocratie de 36 millions d'habitants, tous égaux devant la loi, tous jouissant de la même liberté civile et politique, a demandé la monarchie au 10 décembre sous la verge de la république, et qu'elle est parvenue, par sa volonté persévérante, à éteindre la république dans l'Empire. La preuve en est encore dans les événements qui, depuis le Consulat, ont fait tourner à la monarchie le cours de la révolution ; de telle sorte que la société française, malgré les excitations républicaines et les violences de la démagogie, a persisté dans ses convictions traditionnelles en faveur de la monarchie, essayant de la reconstituer sous ses formes les plus diverses, passant de la monarchie impériale à la monarchie constitutionnelle et à la monarchie parlementaire. Pense-t-on qu'en 1804, en 1814, en 1830, la France n'eut pas les mêmes instincts démocratiques qu'aujourd'hui ? N'est-ce pas sous la monarchie de 1814 que M. Royer-Collard disait avec tant de vérité : *La démocratie coule à pleins bords*. Pourquoi donc s'avise-t-on de trouver si extraordinaire que la France fasse aujourd'hui ce qu'elle a fait en 1804, ce que les Bourbons ont tenté en 1814, ce que les 221 ont imité en 1830, à savoir, une monarchie implantée sur le sol de la démocratie? La seule différence, c'est qu'il manquait aux institutions de 1814 et de 1830 des conditions d'harmonie avec le génie français, tandis que la forme impériale, prenant ses racines dans les profondeurs de la nation et répondant à ses souvenirs, à ses instincts de gouvernement et à ses intérêts de stabilité, offre à l'avenir des garanties bien autrement sérieuses. Ajoutons que les deux monarchies de 1814 et de 1830, ayant peur de la démocratie et la subissant comme un mal inévitable, ont ignoré les moyens de la conduire et se sont, par conséquent, écroulées sur la base artificielle qu'elles avaient choisie en dehors de la base large et puissante qui sert d'assise au gouvernement de l'Empereur. Qu'on ne dise donc pas, au nom des partis de 1814 et de 1830, que la monarchie et la démocratie sont inconciliables; car 1814 et 1830 ont prétendu les accorder, et ils n'ont pas le droit de repousser par de telles objections un conciliateur plus heureux et plus habile.

Encore une fois, rien n'est plus périlleux que de décider les questions modernes avec les faits de l'histoire ancienne superficiellement invoqués, et il est aussi absurde d'enchaîner la démocratie aux formes des républiques grecque et romaine, que de vouloir emprisonner les monarchies dans le cercle de l'antiquité. Où a-t-on vu chez les anciens des démocraties représentatives? Est-ce à dire, parce que les démocraties d'Athènes et de Corinthe ne déléguaient pas l'exercice de la souveraineté, que l'Amérique, qui le délègue, n'est pas une démocratie? Et parce que la monarchie anglaise n'a pas de modèle chez les anciens, pas plus que celles de Philippe-Auguste, de Louis XI, d'Henri IV et de Louis XIV, est-ce à dire que nos monarchies constitutionnelles, féodales ou tempérées (elles le sont toujours en France, même quand elles sont absolues), ne sont pas des monarchies? Il y a eu des aristocraties unies à la royauté; pourquoi n'y aurait-il pas des démocraties gouvernées par un monarque? Croyez-vous que l'aristocratie soit plus facile à conduire et de meilleure composition que la démocratie? On n'enferme pas la civilisation dans des formules inflexibles, et le génie humain a une inépuisable variété. La démocratie royale, qui n'est pas, du reste, un fait inconnu dans l'histoire, a commencé sous les Bourbons, dans des conditions très-incomplètes, sans doute, mais pleines d'avenir et aussi fécondes que celles de la démocratie des Césars furent défectueuses. Cette démocratie royale, fruit d'un travail plusieurs fois séculaire et d'une lente maturité de la civilisation, se continue aujourd'hui et se constitue définitivement en se dégageant de ses éléments vicieux. Lorsqu'elle arriva à 89, au moment de faire un pas immense mais nécessaire, elle tomba en désaccord avec la dynastie qui, jusque-là, l'avait aidée dans sa marche, et il en résulta une de ces mésintelligences qui sont d'autant plus profondes qu'on a été plus uni, une de ces scissions nationales dont les Stuarts furent victimes au dix-septième siècle. Mais il n'en est pas moins certain que la démocratie française n'a pas prétendu pour cela rompre son alliance avec la forme monarchique. Voilà pourquoi, blessée par des révolutions dont elle redoute le retour, elle cherche à s'assurer contre ces crises fatales par l'institution nationale d'une monarchie qui réunisse la jeunesse aux grandes traditions, qui soit puissante sans être tyrannique, et nouvelle sans être révolutionnaire.

Nous terminerons par une réflexion. Lorsque nous avons eu la pensée d'écrire quelques mots sur le principe d'autorité, nous avons été mu, non par le désir d'exalter dans la personne du souverain le sentiment du pouvoir, mais par le besoin de prouver, par le raisonnement et par les faits, la nécessité d'un principe qui prévient les révolutions et conserve les sociétés; nécessité d'autant plus impérieuse dans une démocratie aussi prodigieusement active que la nôtre, que le mouvement des intérêts y deviendrait un chaos, s'il ne se rattachait à un point fixe et solide, servant de centre et de régulateur. De même que tous ceux qui ont subi les révolutions sans jamais s'y associer, nous avons vu avec tristesse que les deux dernières monarchies, moins fortes que le génie révolutionnaire, n'avaient pu tenir, malgré de louables efforts, leurs promesses de stabilité, et qu'elles avaient abouti à la destruction du trône et à un immense désordre moral. De là, les folies du socialisme, les prédictions sinistres de la démagogie avant le 2 décembre, l'ébranlement de l'autorité en tout et partout, de l'autorité gouvernementale, de l'autorité des pères de famille, de l'autorité des patrons et des maîtres, etc.; de là, l'ostracisme prononcé contre la plus chère et la plus sacrée des libertés, contre la liberté civile menacée d'être rivée comme un esclave à la chaîne de l'État. Jamais, peut-être, exemple plus lamentable de la démence humaine n'a été donné dans le passé, et il a fallu tout le bon sens de la France pour que notre admirable pays ne se couvrit pas de ténèbres sous cette éclipse centrale de la raison. Dans cet état, nous avouons que notre cœur s'est rempli d'espérance et de joie lorsque la nation, en quelque sorte éclairée par une inspiration sublime, et réagissant noblement et librement contre ces monstruosités, a mis à sa tête le pouvoir qui représente le mieux l'ordre et la grandeur, et qui est si étroitement lié à la religion par le concordat; à la famille et à la propriété, par le Code civil; à la justice, par l'organisation de la magistrature; à la politique conservatrice de tous les intérêts français, par l'organisation de l'administration, de l'armée et des finances. Nous ne saurions donc imiter ces esprits difficiles et chagrins, qui, toujours mécontents du pouvoir, même quand il les sauve, auraient préféré, pour terme de nos misères, d'autres combinaisons; ceux-ci pour expier la faute d'avoir détruit ce qu'ils voudraient aujourd'hui rétablir; ceux-là pour rester fidèles à leurs habitudes d'être toujours contre le pouvoir présent pour le pouvoir absent. On a vu quelquefois de bons citoyens être plus royalistes que le roi; mais il ne saurait être permis d'être plus national que la nation, surtout quand cette nation a si souvent proclamé sa volonté, et que son choix a une cause légitime dans le sentiment profond et réfléchi de sa conservation.

Quant à nous, on ne nous trouvera jamais favorable à des pouvoirs tyranniques, et aux usurpations des révolutionnaires. Mais notre conscience d'honnête homme et d'ami de notre pays nous commande de nous ranger autour d'un pouvoir qui, ayant sauvé la société, mérite si bien cette définition du principe d'autorité donnée par

Ammien-Marcellin : *Imperium nihil aliud esse, ut sa-pientes definiunt, nisi curam salutis alienæ* (1).

Nous aimons à croire que les paroles de cet auteur plairont également et à ceux qui ont fait l'Empire et à ceux qui nous ont demandé notre définition.

(1) 29-2 (édition Nisard, p. 414, col. 1).

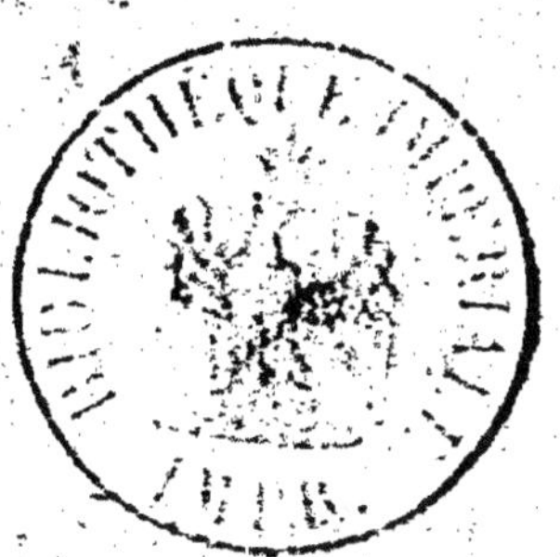

12